Ursula Salentin

Hildegard
Hamm-Brücher

Der Lebensweg
einer eigenwilligen Demokratin

Herderbücherei

Originalausgabe
erstmals veröffentlicht als Herder-Taschenbuch

Umschlagfoto: Bundesbildstelle, Bonn

Inhalt

Einführung

„Hildegard Hamm-Brücher, deutsche Politikerin, F.D.P., Dr. rer. nat. ... ev., wurde am 11. Mai 1921 in Essen/Ruhr geboren."
Mit diesen Charakteristika beginnen im Munzinger-Archiv, dem Nachschlagewerk über bekannte Persönlichkeiten des Öffentlichen Lebens, die Aufzeichnungen über eine der eigenständigsten Frauen der bundesdeutschen politischen Szene.

Auf den ersten Blick entdeckt man an diesen Personenangaben nichts Ungewöhnliches, doch auf den zweiten geben Geburtsjahr und Beruf Anlaß zur Nachdenklichkeit.

Befanden sich in allen Fraktionen des Deutschen Bundestages in den vergangenen zehn Legislaturperioden stets ohnehin nur wenige Frauen, so fiel zusätzlich auf, daß – ausgenommen in den Jahren zwischen 1969 und 1980 – die Jahrgänge der um 1920 geborenen dort besonders spärlich vertreten waren.

Anders als bei den ersten Nachkriegspolitikerinnen – erinnert sei an Marie-Elisabeth Lüders, Louise Schröder, Helene Weber –, deren politische Jugenderlebnisse durch das Kaiserreich geprägt waren, anders auch als bei den heute jungen Parteifrauen – man denke an Petra Kelly, Ingrid Matthäus-Maier, Ursula Männle –, deren eigene politische Erfahrungen auf vierzig Jahre Frieden in der Demokratie fußen, hat die Generation um 1920, die in der Weimarer Republik und im Dritten Reich groß geworden ist, ihre ersten politischen Eindrücke ausschließlich aus Zeiten der Not, der Gewalt und des Verbrechens ableiten können.

Diese Jahrgänge haben nicht nur keine positiven demokratischen Vorbilder, sie sind selbst noch in autoritär-hierarchischen Strukturen groß geworden und waren zusätzlich dem nationalsozialistischen Streben, die Jugend zu beherrschen, voll ausgesetzt. Wen wundert es, daß sie sich nach dem Kriege vom politischen Geschehen weitgehend fern hielten: Sei es, daß noch unbewußt Hitlers Maxime, daß eine Frau nicht „Staatsmann, Richter und Soldat" sein solle, nachwirkte; sei es, daß ein Zuviel an Politik in der Vergangenheit die Abkehr in der Gegenwart bekräftigte; sei es, daß sie sich im Dritten Reich politisch kompromittiert hatten und sich nun nicht mehr um ein Amt bewarben; sei es, und dies mag der Hauptgrund sein, daß sie als junge Frauen, oft als Kriegerwitwen mit kleinen Kindern, sich um ihr privates Fortkommen intensiver zu kümmern hatten als um eine öffentliche Aufgabe. Hinzu trat unmittelbar nach Kriegsende eine gewisse Abwehrhaltung der führenden älteren Politiker gegenüber dieser Generation. Theodor Heuss schreibt über diese Einstellung: „Es war eine Zeitlang, wenn man mit älteren Leuten zusammen war, üblich zu sagen: mit diesen Jahrgängen, die die Hitler-Jugend durchgemacht haben und in der Schule, statt etwas Rechtes zu lernen, für die Altmaterialsammlung und ähnliche Vergnügungen eingesetzt waren, ist nicht viel anzufangen, die müssen abgeschrieben werden"[1]

Nur wenige, allerdings besonders fähige Frauen dieser Jahrgänge haben sich in den vergangenen vierzig Jahren dennoch der Politik aktiv zugewandt. Zu diesen wenigen zählt neben Liselotte Funcke, Annemarie Renger, Marie Schlei, Katharina Focke, um nur die bekanntesten zu nennen, auch Hildegard Hamm-Brücher.

Ihr Lebensweg ist eindeutig motiviert: Es sind die Erinnerungen an die Unrechtszeit des Dritten Reichs, die sie nie losgelassen, die ihre Lebensrichtung bestimmt und sie in die Politik geführt haben.

Seither kämpft sie unnachgiebig gegen alles „Nazistische", mag es sich noch so geschickt tarnen, und für jede auch noch so geringe Chance der Demokratisierung in unserem Land. „Ich habe ja nicht beschlossen, Politikerin zu werden," antwortete Hildegard Hamm-Brücher, wenn man sie nach ihrer Berufswahl fragt, „sondern ich mußte mitansehen, wie Freunde und Verwandte verfolgt und getötet wurden. Daß sich dies nie wiederholt, dabei wollte ich mithelfen!"

Zu ihrem politischen Handlungsfeld wurde vor allem die Bildungspolitik, deren Bedeutung für unsere Zeit mit dem Rang zu vergleichen ist, den die soziale Frage im neunzehnten Jahrhundert hatte. Doch hat sie auch in der Auswärtigen Kulturpolitik und bei dem Bemühen um eine Parlamentsreform Entscheidendes geleistet.

Bei allen Bestrebungen aber weist Hildgard Hamm-Brücher immer wieder auf ihr Ziel hin: Aus Deutschland soll endlich ein wirklich freies demokratisches Land werden, das heißt, zu der seit 1949 vorbildlich demokratischen Staatsform soll sich der freie, selbstverantwortliche Bürger gesellen.

Hierzu wäre notwendig, daß die Diskrepanz zwischen der freiheitlich-demokratischen Verfassung und den oftmals noch unfreien gesellschaftlichen Strukturen überwunden und für den deutschen Bürger demokratisches Verhalten zur Lebensform würde.

Mit Theodor Heuss ist Hildegard Hamm-Brücher der Meinung, daß die Demokratie in Deutschland erst dann Wirklichkeit wird, wenn „für die Deutschen ein freies und tapferes Menschentum nicht mehr Ideologie, nicht mehr literarische Empfindung, sondern Selbstverständlichkeit der täglichen Erfahrung"[2] geworden ist.

Kindheit und Jugendjahre

Hildegard Hamm-Brücher, die seit nunmehr vierzig Jahren mit der ihr eigenen Zähigkeit und Energie, gelegentlich auch mit Zorn – erfolgreich, wenn auch nicht ohne Rückschläge – für ihr Lebensziel eintritt, stammt aus einem unpolitischen Elternhaus. Als Kind und junger Mensch wurde sie wenig von den Problemen ihrer Zeit bedrängt. Die Bürgerschicht, zu der ihre Familie gehörte, war konservativ-liberal gesinnt. Sie bewahrte auch in den zwanziger und frühen dreißiger Jahren ihren Kindern einen konfliktfreien Lebensraum und bildete deren politischen Sinn – wenn überhaupt – an idealisierten historischen Ereignissen und Figuren und nicht an den rauhen Erlebnissen der eigenen Zeit. Entgegen allen Erfahrungen, die die turbulenten Weimarer Jahre hätten vermitteln können, erhielt sich in diesen Kinderstuben das Gefühl der Geborgenheit.

Die frühen Kindheitseindrücke Hildegard Hamm-Brüchers zeigen daher keine Chimären, sondern Bilder einer heilen Welt: den beruflich stark engagierten Vater, Direktor der Elektro-Thermit A. G. in Berlin, den die grausamen Erlebnisse des Ersten Weltkrieges, in dem er zweimal verschüttet war, nachhaltig gezeichnet hatten, was man vor den Kindern zu verbergen suchte; die lebenszugewandte, fröhliche Mutter, die für ein großes Haus und einen weiten Verwandten- und Freundeskreis der strahlende Mittelpunkt war; vier eigenwillige Geschwister – drei Brüder und eine Schwester – und sie selbst als drittes Kind und erstes Mädchen in der Mitte dieser Reihe und mittendrin in einer erfüllten Welt.

Große Erziehungsleitlinien? Nun: vor allem unbeschränkte Zuneigung und dann Selbstverantwortung, Rucksichtnahme, Toleranz. Zwischen der Erziehung der Jungen und Mädchen wurde kein Unterschied gemacht. Nur einen Kinderwunsch hat Lilly Brücher ihrer Tochter Hildegard nicht erfüllt: sie durfte nicht Pfadfinderin werden; die Brüder hatten es da leichter. Nicht nur für eine unbeschwerte Kindheit, auch für eine glückliche Jugendzeit schienen alle Voraussetzungen gegeben.

Da brach in diese wohlgeordnete Welt der Tod ein.

Im Dezember 1931 starben völlig unerwartet der Vater, Dr. Paul Brücher, und elf Monate später, im November 1932, die Mutter, Marie Elisabeth Brücher, geborene Pick.

Fünf Kinder – im Alter zwischen zwanzig und sieben Jahren – verloren innerhalb kürzester Frist die Eltern und ihr Zuhause. Martin Niemöller, der damals Gemeindepfarrer in Berlin-Dahlem, dem Familienwohnsitz der Brüchers zu Anfang der dreißiger Jahre, war, hat mit bewegenden Worten die fünf Kinder am Grabe ihrer Eltern zu trösten versucht. Die Großmutter hat jedem von ihnen diese Rede aufgeschrieben; sie existiert noch heute. Auch als Martin Niemöller in den Konzentrationslagern Sachsenhausen und Dachau inhaftiert war, hat er sich immer wieder nach den Brücher-Kindern, die er aus dem Kindergottesdienst gut kannte, erkundigt. Hildegard Hamm-Brücher hat ihm diese Anteilnahme nie vergessen und hat ihn, als sie als Staatssekretärin am Kultusministerium in Hessen tätig war, in Wiesbaden, seinem letzten Wohnsitz, oft besucht.

Zu einem nicht weniger einschneidenden Ereignis wurde kurz darauf der 30. Januar 1933, der Tag der Machtergreifung Adolf Hitlers. Am Abend dieses Tages leitete ein Fakkelzug vor der Reichskanzlei für alle, zumindest für die Berliner, deutlich sichtbar den Beginn der nationalsozialistischen Herrschaft ein. Die meisten Deutschen haben diesen Tag zunächst als einen besonders lärmenden unter den zahlreichen lauten der Weimarer Republik gewertet; viele haben die sich abzeichnenden neuen Ordnungsmächte begrüßt; nur wenige sahen voraus, daß das Ende einer Epoche angebrochen war.

Die Weltgeschichte hat sich seither grundlegend verändert: Diktatur, Zweiter Weltkrieg, Teilung der Welt in zwei Machtbereiche, Teilung Deutschlands sind die Folgen. Den Untergang, den dieser Tag einleitete, konnte man zunächst nur ahnen. Doch von nun an brachte der Nationalsozialismus Leid und Vernichtung über Millionen unschuldige Menschen; den jüdischen Mitbürgern bereitete er Verfolgung und Tod. Hildegard Hamm-Brüchers Erinnerungen halten diesen Tag nicht fest, zu sehr waren diese Monate von persönlichem Kummer geprägt. Doch lebte sie von diesem Tag an bis zum Ende des Dritten Reiches als Kind aus einer deutsch-jüdischen Verbindung unter dem Verdikt des nationalsozialistischen Vernichtungswillens, auch wenn eine Reihe glücklicher Zufälle es verhinderten, daß sie sofort mit dieser Problematik und später mit unmittelbarer Lebensbedrohung konfrontiert wurde.

Während die väterliche Familie westfälischer, bäuerlicher, katholischer Herkunft ist – der Großvater war Arzt, der Vater Jurist – und im Raum zwischen Brüchermühle und Porta Westfalica angesiedelt war, stammte die Mutter aus einer jüdischen, frühzeitig zum Protestantismus konvertierten Unternehmerfamilie – der Großvater war Geheimer Kommerzienrat –, die seit Generationen in Dresden lebte. In das Haus dieser in Dresden hochangesehenen Fabrikantenfamilie, die sich in der dortigen Gesellschaft als Bürger, Unternehmer und Mäzen einen Namen gemacht hatte, zur verwitweten Großmutter, brachte man im Frühjahr 1933 die drei jüngsten Brücher-Kinder: die elfjährige Hildegard, ihre neunjährige Schwester und ihren siebenjährigen Bruder. Der älteste Bruder, zu dieser Zeit in einer kaufmännischen Lehre, heiratete einige Jahre später eine Niederländerin und nahm die niederländische Staatsangehörigkeit an; der zweitälteste Bruder setzte seine Schulausbildung in einem Schweizer Internat fort.

*Lilly Brücher mit vier ihrer Kinder in Bansin 1932.
Hildegard außen rechts.*

*

Im Kinderleben ihrer Enkel spielte die Großmutter Else Pick schon lange vor dem Tod der Eltern eine entscheidende Rolle. Schönere Ferien als die, die man bei ihr in Dresden verbringen durfte, gab es nicht.

Else Pick war ein Mensch voll schöpferischer Phantasie, begabt mit sensibler Einfühlungsgabe. Kamen ihre Berliner Enkel zu Besuch, ersann sie immer neue Spiele, erzählte Geschichten, regte zur Lektüre an, war aber auch noch genügend tatkräftig, um mit ihnen die Umgebung Dresdens zu erkunden, im Garten Lagerfeuer anzuzünden und zum Schwimmen zu gehen. Eine Großmutter altertümlichen und modernen Stils also! Diese für die Brücher-Kinder nach den Eltern „allerwichtigste Person" entschloß sich nach dem Tod ihrer ältesten Tochter – selbst über sechzig Jahre alt –, den drei jüngsten Enkeln wieder ein Zuhause zu geben.

So wurden beispielsweise in ihrem Dresdner Haus die Kinderzimmer originalgetreu denen des Berliner Elternhauses nachgebildet. Tapeten, Gardinen, Fußbodenbelag – alles entsprach der gewohnten Umgebung. Selbstverständlich waren auch die Möbel ähnlich angeordnet. Da es Else Pick gesundheitlich in diesen Jahren nicht gut ging, engagierte sie zur Mithilfe eine Erzieherin, die ihr die gröbsten Pflichten abnahm. Um so intensiver bemühte sie sich, für ihre Enkel da zu sein, wenn diese Rat und Zuspruch suchten. Auch knüpfe sie die Beziehungen zu ihrer Pfarrgemeinde enger. Pastor Niemöller hatte seinem Amtskollegen in Dresden, Pfarrer Herrmann, die Übersiedlung der drei Brücher-Kinder mitgeteilt. Wie schon in Berlin, fanden sie nun auch in Dresden in den kirchlichen Jugendorganisationen ihren Platz. In diesen Jahren des Kampfes zwischen Bekennender Kirche und Deutschen Christen erhielten sie hier eine erste antinationalsozialistische Blickrichtung. Die Konfirmation 1936 wurde und blieb für Hildegard ein glaubensprägendes Erlebnis.

Neben vielen menschenfreundlichen Gaben besaß die Großmutter Else Pick auch die, sich ihren Mitmenschen im Gespräch voll zu erschließen. Niemand verließ sie ohne Trost. Stets fühlte man sich nach einem Gespräch mit ihr gestärkt. Der lebensklugen Frau gelang es daher, den furchtbaren Verlust, den die Kinder erlitten hatten, für diese in einen umfassenden höheren Zusammenhang zu rücken. Für jedes ihrer Enkelkinder dachte sie sich etwas Besonderes aus. Für ihre Enkelin Hildegard war es ein Baumhaus, das sich diese in einem hohen Nußbaum des Gartens einrichten durfte und das nur mit einer Strickleiter erreichbar war. Else Pick hatte begriffen, daß das junge Mädchen dringend einen ungestörten Platz brauchte, um allein sein zu können und sich lesend neue Welten zu erschließen. Bis tief in den Herbst hinein entschwand Hildegard Brücher oft und wenn nötig dick vermummt in luftige Höhen. Wenn sie erst ihre Strickleiter hochgezogen und sich damit von der Erde getrennt hatte, konnte sie niemand mehr daran hindern, über Winnetous und Old Shatterhands Abenteuern, den gemütsbildenden Erlebnissen der Familie Pfäffling, bei Bibis abenteuerlichen Reisen, Nesthäkchens koketten Unternehmungen und Heidis sorgendem Wirken in der Großstadt und auf der Alm die beschädigte Welt um sich herum zu vergessen. Diese unbezwingbare Lesewut trug Hildegard Brücher bei Cousinen und Vettern und vor allem den Geschwistern den Spitznamen „die Gebildete" ein. Das war halb spöttisch, halb bewundernd gemeint.

Als gute Schülerin brachte ihr der Schulwechsel vom Gertrauden-Gymnasium in Berlin zum Neustädter-Mädchengymnasium in Dresden keinerlei Schwierigkeiten. Das kontaktfreudige, lebenszugewandte, strahlende Kind fand auch wieder neue Schulfreundinnen. Das pièce de résistance aller Beziehungen aber bildeten die beiden jüngeren Geschwister. Vom Verlust der Eltern ab bis weit in die Nachkriegszeit hinein fühlte sie sich für deren Wohl und Wehe mitverantwortlich. Dabei hatte ihr niemand diese Aufgabe übertragen. Der Vormund, der einzige Bruder der Mutter, regelte die äußeren Lebensbedingungen. Die Großmutter und die Erzieherin sorgten sich um ihr geistiges und körperliches Wohl. Und dennoch: als ältere Schwester fühlte sie sich in die Pflicht genommen.

Vom immer stärker werdenden Druck des Nationalsozialismus: der Errichtung der ersten Konzentrationslager, der Ausbreitung seiner Massenorganisationen, des sich verstärkenden Terrors gegenüber den jüdischen Mitbürgern, ja selbst von der allmählich allumfassenden Propaganda bemerkten die Brücher-Kinder zunächst nichts. Else Pick hat, solange dies möglich war, die sich immer drohender abzeichnenden Gefahren vor ihren Enkelkindern verheimlicht oder verharmlost. Mit viel Phantasie erfand sie immer wieder Gründe, weshalb ihre Enkelin Hildegard beispielsweise nicht wie ihre Klassenkameradinnen den Jungmädeln beitreten sollte, weshalb sie sich nicht bei den Straßensammlungen der Nationalsozialistischen Volkswohlfahrt (NSV) zu beteiligen habe. Lange Zeit über hielt die überzeugte Deutsche und evangelische Christin die nationalsozialistische Herrschaft für eine vorübergehende Verirrung in der deutschen Geschichte. Es war ihr unvorstellbar, daß sich eine Kulturnation, der sie sich zugehörig fühlte, zum Barbarentum kehren könne. Erst nach und nach wurde ihr bewußt, daß das Land – dem ihre Familie seit Generationen verbunden war, dem ihr Sohn und ihre Schwiegersöhne als Offiziere im Ersten Weltkrieg gedient und das diese mit hohen Auszeichnungen dekoriert hatte, zu dessen Ansehen ihr Mann durch reiches Mäzenatentum beigetragen – sich unter dem Einfluß von Vorurteilen und Propaganda zu Feindschaft und Haß auch gegen sie und ihre Familie kehrte.

Erst als 1935 in den Nürnberger Gesetzen eine Rechtsminderung der jüdischen Mitbürger festgeschrieben wurde, sie von nun an nicht mehr „Reichsbürger", sondern nur noch „Staatsangehörige" waren, als man die Juden aus allen öffentlichen Ämtern entfernte und auch die Weltkriegsteilnehmer unter ihnen ihre öffentlichen Aufgaben abgeben mußten, als Eheschließungen zwischen Juden und Nichtjuden verboten und als Rassenschande verfolgt, später sogar mit Zuchthaus und Todesstrafe bedroht wurden, entschloß sich Else Pick, ihre Enkel auf mögliche Schwierigkeiten hinzuweisen. Die sich verschärfende Rassenpolitik des Dritten Reiches, die Überlegungen des Vormunds, aus Deutschland zu emigrieren, die sich abzeichnende persönliche Gefährdung der Großmutter und ihr angegriffener Gesundheitszustand veranlaßten die Familie, sich in diesen Jahren nach einem Internat für die drei jüngsten Brücher-Kinder umzusehen.

*

Seit 1920 hatten Kurt Hahn[3] und Prinz Max von Baden oberhalb des Bodensees in einem Teil des Schlosses Salem, der ehemaligen Zisterzienser-Abtei, eine Internatsschule eingerichtet. Beide waren durch die brutalen Kriegserfahrungen von 1914–1918 und Kritik am Leben in der Zivilisation zu der Überzeugung gelangt, daß die Jugend, die künftig Aufgaben in der Gesellschaft übernehmen sollte, besser als die vorangehende Generation auf ihre Verantwortung als Staatsbürger hin erzogen werden müsse. Koedukativ sollte eine Elite herangebildet werden, die „in hoher sozialpolitischer Verantwortung die personale und nationale Freiheit als Unterpfand für eine freiheitliche Kooperation der Völker anstrebte."[4] Golo Mann, selbst einst Salemer, kennzeichnet die Ziele Kurt Hahns folgendermaßen: Er …„wollte eine Jugend erziehen, die das moderne Leben meisterte, ohne Schaden zu nehmen an ihrer Seele, so wie er sich starke, seelenführende Regierungen wünschte. Aber in dem platonisch ästhetisierenden Ethiker war etwas, das sich gegen wesentliche Züge unserer Zivilisation auflehnte: den Unernst, die schlechten Vergnügungen, die Gier nach kurzfristigen Sensationen, den Egoismus der Individuen und der Klassen, das Leben in der Gedankenlosigkeit, die Großstadt tout court. In seinen Schülern wollte er entwikkeln: Die Fähigkeit zur Konzentration, zur inneren Sammlung, die ernste Phantasie, die Liebe zur Sache, die mens sana in corpore sano, praktisches Christentum, Gehorsam, ‚soldatische Tugenden'."[5]

Summarisch läßt sich sagen, daß Kurt Hahn eine Synthese von Wesenszügen der pädagogischen Bestrebungen Platos, der englischen Public School, des Landerziehungsheimgedankens von Hermann Lietz und des philosophischen Pragmatismus von William James suchte[6]. Im Mittelpunkt dieser Pädagogik stand der sittlich verantwortliche Mensch, der der Idee des Guten und Gerechten verpflichtet ist, sich einordnen kann und persönliche Wünsche und Interessen dem Wohl des Nächsten unterordnet. „Verantwortungsgefühl gegenüber der Menschheit" lautete deshalb das Motto Salems[7].

In dieses noch von Kurt Hahns Vorstellungen geprägte Salem kamen 1937 die nun sechzehnjährige Hildegard Brücher und ihre beiden Geschwister. Die drei Kinder erhielten Freiplätze, Hildegard in Salem selbst, die beiden anderen in Schloß Spetzgart.

Der deutsche Jude Kurt Hahn war 1933 nach England emigriert, wo er zunächst eine neue Schule, Gordonstoun, gründete. Seit seinem Weggang unterlag Salem wechselvollem Geschick, das beispielhaft die oft uneinheitlichen, von persönlicher Willkür abhängigen Entscheidungen der NS-Zeit widerspiegelt. Hohn und Angriffen gegenüber den Erziehungszielen folgte zeitweise Anerkennung – man sprach vom deutschen Eton –, doch der Versuch scheiterte, die Schule in eine vom nationalsozialistischen Denken geprägte Anstalt umzuwandeln.

Als die Brücher-Kinder 1937 nach Salem kamen, lag die Zeit dieser Wirren hinter der Schule. Dr. Heinrich Blendinger, der seit 1934 ihr Leiter war, führte Salem im Geiste Kurt Hahns und war, wie Hildegard Hamm-Brücher betont, ein großartiger Mensch, Freund und Pädagoge, der in seiner Weise das schwere Erbe Kurt Hahns mit Hingabe und Geschick vorbildlich fortgeführt hat.

Hildegard Hamm-Brücher bezeichnet die kurze Salemer Schulzeit, die nur ein Jahr dauerte, als eine der „glücklichsten Perioden" ihrer Jugend. Salem bot einen festen geistigen und praktischen Bezugsrahmen. Die Lehrer waren ausnahmslos Menschen, „die sich durch die Nazi-Zeit quälten". Das Leben in der Gemeinschaft mit gleichaltrigen, gleichgesinnten und oftmals sich in gleicher politischer Gefährdung befindenden Jungen und Mädchen führte aus der Vereinzelung; Lebensfreundschaften wurden geschlossen. Zum ersten Mal seit dem Tod der Eltern war auch das Gefühl der Verantwortung für die Geschwister gemildert. Salem gab ihr endlich die ihrem Alter gemäße Lebensform. Der streng geregelte Tagesablauf – mit am Morgen: Waldlauf, kaltes Duschen, Frühstück, Unterricht, Trainingspause zwischen dritter und vierter Stunde (in der Werfen, Laufen, Springen geübt wurde), abermals Duschen, Unterricht, Mittagspause, Ruhepause (in der vorgelesen wurde) und am Nachmittag: Landarbeit (die Schule hat eigenen

Land- und Gemüseanbau, auch Tierhaltung), handwerkliche Ausbildung oder Sport, Hausaufgaben machen, Abendbrot – hat sie nicht gestört.

Vielmehr hat sie den Geist Salems als „großzügig" und trotz der geforderten Einordnung in die Gemeinschaft als „frei" empfunden. „Gewissenhaft", so sagt sie heute, kontrollierte sie „jeden Abend ihren Trainingsplan", setzte hinter die Forderungen: kalt duschen, Dauerlauf, ehrlich sein, keine Zwischenmahlzeiten, nicht abgucken, nicht vorsagen, Pflichten erfüllen (womit Haus- und Gartenpflichten gemeint waren, der „Großstadtpflanze" hatte man die Hühnerställe übertragen) ein Plus- oder Minuszeichen. Hatte sie innerhalb einer Woche dreimal im selben Bereich versagt, war sie zu einer „Buße", wie beispielsweise frühes Aufstehen und einige Kilometer Schweigemarsch, verpflichtet. Die Schwäche war damit, entsprechend den Salemer Regeln, gelöscht. – „Dieser Trainingsplan", berichtet sie, „den nur man selbst kontrollierte, gab die Gelegenheit, an konkreten Situationen zu lernen, wie man mit seinen Schwächen fertig wird." Für die älteren Schüler bestand indirekt darüber hinaus die Aufforderung, sich selbst zu beobachten und Schwachpunkte, die man an sich festgestellt hatte, energisch zu bekämpfen.

Hildegard Hamm-Brücher erzählt, daß sie in diesem Salemer Jahr, eher „eigenbrötlerisch" gewesen sei, sich oft „abgesondert" habe, sich den Klassenkameraden „überlegen" gefühlt habe, was der Klassengemeinschaft „abträglich" gewesen sei. Diese Schwäche habe sie auf ihren Trainingsplan gesetzt und, so meint sie, „mehr oder minder erfolgreich bekämpft." „Sich selbst erziehen, an sich selbst hohe Ansprüche stellen, sich den Mitmenschen zuwenden und für die Gemeinschaft leben", das sei in diesen Jahren das Salemer Erziehungsprogramm gewesen. Heute sagt Hildegard Hamm-Brücher, daß ihr die idealistisch ausgerichtete Salemer Erziehung das Einleben in die Realität erschwert habe. Das ist sicher zutreffend. Gewiß ist aber auch, daß sie der Lebenssicht dieser unverbesserlichen

Idealistin entsprach und die Erziehungsrichtung von Eltern, Großmutter und protestantischer Kirche fortsetzte.

Trotz aller Realitätserfahrung und Realitätsnähe besitzt Hildegard Hamm-Brücher auch heute noch immer einen jugendlich zu nennenden idealistischen Sinn, der sie ungeachtet aller Rückschläge die alten Menschheitsträume von Gerechtigkeit, Freiheit, Menschlichkeit nicht nur weiterträumen, sondern, so weit wie möglich, in die Tat umsetzen läßt. Die Beharrlichkeit, mit der sie immer wieder und ohne Rücksicht auf eigene Nachteile für diese Prinzipien eintritt, sichert ihr in einer vorwiegend pragmatisch bestimmten politischen Szene die Sonderstellung. Sie ist die Ursache ihrer Erfolge, aber auch ihrer Schwierigkeiten. Ihr verdankt sie die Zustimmung und Anerkennung vieler ihrer Mitbürger, vor allem junger Menschen.

Von 1934 bis 1938 war es Salem gelungen, ohne größere Zugeständnisse an die Nazi-Zeit auszukommen. An Ostern 1938 forderte das Regime seinen Tribut. In diesem Jahr erhielt Salem den Status einer „anerkannten privaten höheren Schule". Diese Verleihung war laut Reichserlaß von einer Überprüfung abhängig. Zu Ostern 1938 wurden alle, um im damaligen Sprachgebrauch zu bleiben, „halbjüdischen" Schülerinnen und Schüler der Schule verwiesen; von da ab wurden die Auslandsverbindungen Salems streng überwacht; verbot man die Oberuferer Weihnachtsspiele, weil die christliche Botschaft des Spiels, dem nationalsozialistischen Geist widersprach.

Die Brücher-Kinder mußten Salem verlassen. Die jüngeren Geschwister fanden als Pensionäre bei Privatleuten Unterkunft. Hildegard Brücher ergriff zum ersten Mal in ihrem Leben Eigeninitiative. Die Siebzehnjährige mietete sich in Konstanz ein Zimmer und meldete sich in der Oberprima des dortigen Mädchengymnasiums an. Als gute Schülerin, die sie war, gelang es ihr mühelos, den Anforderungen zu entsprechen. Ostern 1939 bestand sie dort das Abitur mit hervorragenden Ergebnissen.

Berufswünsche gab es mehrere, also keinen präzisen

Wunsch. Sportlehrerin, vielleicht: sie war eine gute Leicht-
athletin und auch einmal mit der Schulstaffel süddeutsche
Kraulmeisterin. Historikerin, noch lieber: Geschichte hatte
sie immer interessiert, außerdem besaß sie ein glänzendes
Gedächtnis. Journalistin, dies vor allem: schon immer
konnte sie hervorragend formulieren, hatte sie einen wa-
chen Verstand und gute Beobachtungsgabe. In all diesen
Wägbarkeiten gab es für sie nur einen Traum: sie wollte in
der Schweiz Geschichte, Literatur und Sprachen studieren.

Doch vor allen Wünschen rangierte in dieser Zeit für jede
deutsche Abiturientin, auch wenn sie im übrigen den Nationalsozialisten nicht genehm war, die Dienstverpflichtung
zum Reichsarbeitsdienst (RAD). Mit fünfhundert anderen
jungen Mädchen bezog Hildegard Brücher im Frühjahr
1939 das RAD-Lager Hartmannsgrün bei Treuen im
Vogtland. Für eine Nonkonformistin und Antifaschistin
war dies eine harte Zeit: in einer nicht selbst gewählten Gemeinschaft leben, sich den Befehlen der Führerinnen unter-
ordnen, täglich antreten, die Fahne grüßen, gebetsartig für
den „uns von der Vorsehung geschenkten Führer" bitten,
Uniform tragen, im Gleichschritt marschieren.

Eines Morgens zu Beginn des ersten Kriegswinters
1939/40 verkündete nach Flaggenhissung und Gesang die
Führerin, daß diejenigen Arbeitsmaiden vortreten möchten, die Medizin oder Chemie studieren wollten. Kriegs-
wichtige Studiengänge erhielten Vorrang vor der Verpflichtung zum Dienst im RAD. Welche Freiheitschance! Mit
vier anderen jungen Mädchen meldete sich Hildegard Brücher. Innerhalb von achtundvierzig Stunden wurde aus der
Arbeitsmaid Brücher die Studentin der Chemie an der Ludwig Maximilians-Universität in München.

Studium und Kriegsende 1945
in München

Die Zeit des Zweiten Weltkriegs (1939–1945) hat Hildegard Brücher als Studentin, Doktorandin und – während der letzten Kriegswochen – als promovierte Chemikerin in München verbracht. Dem Einfluß des Kriegsgeschehens, seinen Auswirkungen im Alltag konnte sich niemand entziehen. Die allgemeinen Ängste, Sorgen und Nöte dieser Jahre aber steigerte die nationalsozialistische Bedrohung.

Die grausamen Verbrechen der Nazi-Herrschaft, die Hildegard Brücher durch ihre enge Bindung an die Bekennende Kirche, an antinazistische Freunde und den weiteren Kreis um die Geschwister Scholl, aber auch durch den Freitod der geliebten Großmutter, die nach Theresienstadt hätte deportiert werden sollen, unmittelbar miterlebte, gaben ihr in diesen Jahren ihre Lebensrichtung. Ihr politisches Credo: So ETWAS DARF NIE WIEDER GESCHEHEN nahm hier seinen Ausgang.

Als die Achtzehnjährige im Wintersemester 1939/40 mit dem Studium in München begann, hatte sie das Glück, im Institut des Nobelpreisträgers Professor Heinrich Wieland einen der begehrten Arbeitsplätze zu erhalten. Professor Wieland war nicht nur ein international anerkannter Gelehrter und hervorragender Lehrer, er verstand es auch dank seines Renommées als Nobelpreisträger und seiner kriegswichtigen Forschung, das Institut fast frei von „braunen" Pressionen zu halten. Entgegen dem üblichen Zeitgeist herrschte dort freiheitliches Denken, Menschlichkeit und eine, soweit dies überhaupt möglich war, offene Sprache. „Der wahre Patriarch", wie ihn Hildegard Hamm-

Brücher nennt, sammelte vorwiegend Studenten um sich – vorausgesetzt sie erfüllten die fachlichen Vorbedingungen , die antifaschistisch dachten. Es waren viele damals rassisch Verfolgte unter ihnen. Die Studentin Hildegard Brücher war Professor Wieland beim Vordiplom aufgefallen. „Generell hielt er wenig von Frauen in seinem Arbeitsgebiet", sagt sie, „außer mir war es nur der 1984 verstorbenen Professorin Elisabeth Dane gelungen, seine Doktorandin zu werden."

Von 1940–1945 beschäftigte sich Hildegard Brücher nun statt mit literarischen, wie sie es eigentlich vorgehabt hatte, mit chemischen Problemen, vor allem mit den „Untersuchungen an den Hefemutterlaugen der technischen Ergosterin-Gewinnung" – so der Titel ihrer späteren Doktor-Arbeit. Tests, Colloquien, Vordiplom und Promotion – diese in den letzten Kriegstagen: alle Prüfungen bestand sie, fleißig und energisch wie sie war, mit hervorragenden Ergebnissen. Wundert man sich heute über diese stetigen Erfolge in schwieriger Lage, so antwortet sie fast ein wenig entschuldigend, daß sie ja stets hätte „besonders gut" sein müssen, daß ein schneller Studienabschluß notwendig gewesen sei, da sie an die Geschwister gedacht habe, die noch lange nicht in der Lage gewesen wären, sich selbständig zu ernähren. „Ob ich unter den heutigen Verhältnissen so viel gearbeitet hätte, das weiß ich nicht," fügt sie hinzu.

Professor Wieland muß die naturwissenschaftliche Begabung seiner Schülerin hoch eingeschätzt haben. Von ihrem späteren politischen Wirken hielt er ganz allgemein wenig. Als Hildegard Brücher ihm 1953, nun schon junge Landtagsabgeordnete, stolz mitteilen wollte, daß zum Wiederaufbau seines Instituts dank ihrer Mithilfe vom bayerischen Haushaltsausschuß fünf Millionen DM zur Verfügung gestellt würden, hat er nur, kaum von seiner Schachpartie aufsehend, zu ihr gesagt: „Ach, Fräulein Brücher, eines muß ich ihnen ja doch mal sagen, in der Chemie, da hätten sie sich wenigstens unsterblichen Ruhm erwerben können!"

Hildegard Hamm-Brücher verdankt diesem Doktor-Vater, der während der ganzen Nazizeit immer schützend seine Hand über sie hielt, nicht nur den Abschluß ihres Studiums, sondern auch den Schutz vor Verhaftung, vielleicht Schlimmerem, denn er entkräftete den Verdacht der Gestapo (Geheime Staatspolizei), daß sie in enge Verbindung zur Widerstandsgruppe „Weiße Rose" gehöre.

Hans und Sophie Scholl und ihr Freundeskreis, die Studenten aus der Mediziner-Kompanie, die nach ihrer Flugblattaktion in der Münchner Universität vom 18. Februar 1943 durch den Volksgerichtshof unter Vorsitz von Roland Freisler zum Tode verurteilt und wenige Tage später hingerichtet wurden, waren mit mehreren Kommilitonen aus dem Institut von Professor Wieland, so auch mit Hildegard Brücher, bekannt. „Wir waren so eine Art Dépendance", sagt sie und fügt hinzu, „aber wirklich politisch aktiv bin ich nicht geworden."

Im Sommer 1942 hatten diese Medizinstudenten beim Rußlandeinsatz zum ersten Mal Greueltaten der deutschen Besatzung mitansehen müssen. Seither genügte es ihnen nicht mehr, sich gegenseitig im Gespräch der antinazistischen Gesinnung zu versichern, Verfolgten Hilfeleistungen zukommen zu lassen, feindliche Sender abzuhören und deren Nachrichten zu verbreiten und bei dem als Regimegegner geltenden Philosophie-Professor Kurt Huber Vorlesungen zu hören. Wachsende Verzweiflung über die Unmenschlichkeit des Regimes und die Verbrechen des Krieges – Stalingrad hatte Signalwirkung – trieb ihr Handeln voran. Aktiv wollten sie gegen das verhaßte Regime vorgehen und das deutsche Volk, vor allem aber die Mitstudenten, aufrütteln. An den Wänden von Gebäuden und an Ruinen in den Münchner Straßen erschienen ihre Freiheitsparolen. In Flugblättern entlarvten sie die lächerlichen Siegerparolen der offiziellen Propaganda und benannten die wahren Verbrechen der Diktatur. Besser als alle Beschreibungen gibt ein Ausschnitt aus ihrem letzten Flugblatt Geist und Haltung dieses Studentenkreises, aber auch anderer antinazistischen Studentengruppen wieder, zu denen sich Hildegard Brücher in dieser Zeit zugehörig fühlte.

Kommilitonen! Kommilitoninnen!
Erschüttert steht unser Volk vor dem Untergang der Männer von Stalingrad. Dreihundertdreißigtausend deutsche Männer hat die geniale Strategie des Weltkriegsgefreiten sinn- und verantwortungslos in Tod und Verderben gehetzt. Führer, wir danken dir!

Es gärt im deutschen Volk: Wollen wir weiter einem Dilettanten das Schicksal unserer Armeen anvertrauen? Wollen wir den niederen Machtinstinkten einer Parteiclique den Rest der deutschen Jugend opfern? Nimmermehr! Der Tag der Abrechnung ist gekommen, der Abrechnung der deutschen Jugend mit der verabscheuungswürdigsten Tyrannis, die unser Volk je erduldet hat. Im Namen der deutschen Jugend fordern wir vom Staat Adolf Hitlers die persönliche Freiheit, das kostbarste Gut des Deutschen zurück, um das er uns in der erbärmlichsten Weise betrog.

In einem Staat rücksichtsloser Knebelung jeder freien Meinungsäußerung sind wir aufgewachsen. HJ, SA, SS haben uns in den fruchtbarsten Bildungsjahren unseres Lebens zu uniformieren, zu revolutionieren, zu narkotisieren versucht. „Weltanschauliche Schulung" hieß die verächtliche Methode, das aufkeimende Selbstdenken in einem Nebel leerer Phrasen zu ersticken. Eine Führerauslese, wie sie teuflischer und borniertier zugleich nicht gedacht werden kann, zieht ihre künftigen Parteibonzen auf Ordensburgen zu gottlosen, schamlosen und gewissenlosen Ausbeutern und Mordbuben heran, zur blinden, stupiden Führergefolgschaft. Wir „Arbeiter des Geistes" wären gerade recht, dieser neuen Herrenschicht den Knüppel zu machen …

Es gibt für uns nur eine Parole: Kampf gegen die Partei! Heraus aus den Parteigliederungen, in denen man uns weiter politisch mundtot halten will! Heraus aus den Hörsälen der SS-Unter- und Oberführer und Parteikriecher! Es geht uns um wahre Wissenschaft und echte Geistesfreiheit! Kein Drohmittel kann uns schrecken, auch nicht die Schließung unserer Hochschulen. Es gilt den Kampf jedes Einzelnen von uns um unsere Zukunft, unsere Freiheit und Ehre in einem seiner sittlichen Verantwortung bewußten Staatswesen.

Freiheit und Ehre! Zehn lange Jahre haben Hitler und seine Genossen die beiden herrlichen deutschen Worte bis zum Ekel ausgequetscht, abgedroschen, verdreht, wie es nur Dilettanten vermögen, die die höchsten Werte einer Nation vor die Säue werfen. Was ihnen Freiheit und Ehre gilt, haben sie in zehn Jahren der Zerstörung aller materiellen und geistigen Freiheit, aller sittlichen Substanzen im deutschen Volk genugsam gezeigt. Auch dem dümmsten Deutschen hat das furchtbare Blutbad die Augen geöffnet, das sie im Namen von Freiheit und Ehre der deutschen Nation in ganz Europa angerichtet haben und täglich neu anrichten. Der deutsche Name bleibt für immer geschändet, wenn nicht die deutsche Jugend endlich aufsteht, rächt und sühnt zugleich, ihre Peiniger zerschmettert und ein neues geistiges Europa aufrichtet. Studentinnen! Studenten! Auf uns sieht das deutsche Volk! Von uns erwartet es, wie 1813 die Brechung des Napoleonischen, so 1943 die Brechung des nationalsozialistischen Terrors aus der Macht des Geistes. Beresina und Stalingrad flammen im Osten auf, die Toten von Stalingrad beschwören uns!

„Frisch auf, mein Volk, die Flammenzeichen rauchen!" Unser Volk steht im Aufbruch gegen die Verknechtung Europas durch den Nationalsozialismus, im neuen gläubigen Durchbruch von Freiheit und Ehre[8].

Nach ihrer Verurteilung durch den Volksgerichtshof hat Sophie Scholl kurz vor ihrer Hinrichtung zu ihrer Mutter gesagt: „Wir haben alles, alles auf uns genommen."[9] Doch, obwohl sich die Scholls bemühten, keinen ihrer Freunde mit in das Geschehen hineinzuziehen, kam es im engeren und weiteren Kreis dieser Widerstandsgruppe zu Verhören, Verhaftungen und Hinrichtungen. Sie erreichten auch Mitglieder des „Chemischen Staatsinstitutes".

Professor Wieland aber konnte dem nachfragenden Beamten glaubhaft versichern, daß seine Doktorandin Hildegard Brücher zur Zeit der Flugblattaktion im Krankenhaus gelegen habe und im übrigen mit einer kriegswichtigen Doktorarbeit beschäftigt sei.

Die Ausbombung des Instituts und der Justizbehörde führte dazu, daß der Fall zunächst vergessen schien. Als man Hildegard Brücher für das Sommer-Semester 1944 jedoch nicht wieder immatrikulieren wollte, griff Professor Wieland ein zweites Mal ein. Er erklärte, daß er ohne die Mitarbeit seiner Doktorandin seine Forschungsarbeiten

nicht fortsetzen könne und sicherte ihr damit den Studienabschluß.

Die Geschwister Scholl und ihre Freunde hatten ihr Leben für ihre Ideale geopfert. Den Überlebenden, auch Hildegard Brücher, stellten sich für viele Jahre, wenn nicht für
immer, die nicht zu beantwortenden Fragen: Hätten nicht
auch sie sich mutig opfern müssen? Was wäre erreicht worden, wenn alle antifaschistisch Denkenden wie die Opfer
der „Weißen Rose" gehandelt hätten?

Hildegard Hamm-Brücher betrachtet ihr späteres politisches Engagement als eine Art Rechtfertigung gegenüber
den Gesinnungsfreunden. 1963 schrieb sie in der „Liberalen Studentenzeitung": „Mit ihrem Protest, mit ihrem Op-
fertod wollten sie nichts anderes, als etwas von der Schuld
abtragen, die Deutschland vor Gott und der Welt auf sich
geladen hatte. Deshalb wäre es auch falsch, den Widerstand dieses Kreises am äußeren Erfolg messen zu wollen.
Es war eben keine politische Aktion, sondern ein menschlicher Protest und ein bewußtes persönliches Opfer. ‚Ihr
Geist lebt' stand damals von unbekannter Hand geschrieben auf den Litfaßsäulen, die die Urteilsvollstreckung ver-
kündeten. Lebt er auch heute noch? Wenn es so etwas wie
ein Vermächtnis dieser heldenhaften und lauteren jungen
Menschen gibt, so ist es nur das eine: Verantwortung mitzu-
tragen für eine menschenwürdige staatliche und gesellschaftliche Ordnung, das eigene Gewissen zu schärfen und
gegen Unrecht und Unmenschlichkeit aufzubegehren –
selbst um den Preis der persönlichen Freiheit, ja des Lebens."

In diesen Jahren vollzog sich aber auch das bisher be-
schämendste Kapitel deutscher Geschichte: der Mord an
sechs Millionen Juden. Was in den weiten Ostgebieten zunächst an den europäischen Juden aus Ost und West und
später auch an den deutschen geschah, müßte jeden damals
lebenden Deutschen mit Schuld und Scham belasten. Ohne
den Konsens vieler Deutscher im Vorfeld des Holocaust –
aus offen oder latent vorhandenem Antisemitismus, aus

Angst, aus Bequemlichkeit – hätten sich die späteren Verbrechen nicht ereignen können. Sie waren ja nicht nur Taten einzelner Verbrecher, sondern Ergebnisse eines weit zurückreichenden Judenhasses, der von 1933 ab staatlich geschürt und verordnet wurde und schließlich in den ersten systematisch organisierten Völkermord der Geschichte führte. Selbst wenn die meisten Deutschen nicht wußten, welche ungeheuerlichen Verbrechen sich in den Vernichtungslagern des Ostens abspielten, ihr Wegsehen, ihr Nicht-Wahr-Haben-Wollen – aus Rassenhochmut, aus Mangel an Zivilcourage – hat das Leben Millionen unschuldiger Menschen gekostet.

Seit Kriegsbeginn trieb das Dritte Reich mit einer Reihe von Verordnungen in Deutschland konsequent die Verfolgungs- und Ausgrenzungspolitik gegenüber den jüdischen Mitbürgern voran. Deutlich sichtbar mußten die Juden auf ihrer Kleidung den gelben Davidstern tragen. In ihren Pässen wiesen ein „J" und die den Vornamen zugeordneten weiteren Vornamen „Sara" oder „Israel" sie als Juden aus. Ihr Vermögen wurde beschlagnahmt. Sie wurden aus ihren Wohnungen vertrieben und in Wohnblocks gettoartig zusammengepfercht. Juden durften nur noch zu festgelegten Zeiten ausgehen, in vorgeschriebenen Läden kaufen, keine öffentlichen Verkehrsmittel mehr benutzen, keine Luftschutzkeller aufsuchen. Diese verordneten Unmenschlichkeiten vollzogen sich vor den Augen der deutschen Bevölkerung, die tatenlos, gelegentlich fassungslos zusah. Hilfe allerdings wäre nur unter Aufopferung des eigenen Lebens möglich gewesen; die Gestapo war längst zur eigentlichen Herrscherin in Deutschland geworden.

Auch die Großmutter, Else Pick, nun eine Frau über siebzig Jahre, war diesem gnadenlosen Vernichtungsstreben wehrlos ausgesetzt. Im Februar 1942 erhielt sie die Aufforderung, sich zum Abtransport nach Theresienstadt bereit zu machen. Sie wählte den Freitod. Der für Hildegard Brücher nach den Eltern geliebteste Mensch war einsam gestorben. Sie hatte ihm nicht noch einmal für seine Liebe und Güte danken können. Sie hatte ihm nicht helfen, ihn nicht trösten, ihm nicht ihre Zuneigung beweisen dürfen. Auch diese Erfahrung hat Hildegard Hamm-Brücher menschlich und politisch geprägt.

Daß es für diese unmenschlichen Verbrechen keine Bewältigung geben kann, sollte selbstverständlich sein; nicht minder aber auch, daß immer wieder und mit größter Eindringlichkeit an diese Greueltaten erinnert werden muß, damit sie sich nicht, auch nicht in anderer Form, wiederholen.

1986 wurde im Zeichen der Aussöhnung zwischen Juden und Deutschen der „Theodor-Heuss-Preis" unter den Gedanken gestellt „Mut zur Erinnerung – Kraft zur Versöhnung".

Hildegard Hamm-Brücher, Vorsitzende der „Theodor-Heuss-Stiftung zur Förderung der politischen Bildung und Kultur e. V.", zeichnete in diesem Jahr Werner Nachmann, den Vorsitzenden des Zentralrats der Juden in Deutschland, sowie fünf Organisationen und Personen aus, die zu einer Erneuerung des Verhältnisses zwischen Juden und Deutschen in der Nachkriegszeit beigetragen hatten. In ihrer Laudatio auf den Karlsruher Kaufmann Werner Nachmann betonte Hildegard Hamm-Brücher, daß er seit seiner Rückkehr in die Bundesrepublik im Geist geduldiger Versöhnungsbereitschaft und mit dem Mut zur Liebe als Mittler zwischen Juden und Deutschen gewirkt habe. Er habe dazu beigetragen, daß es heute wieder zahlreiche jüdische Gemeinden in der Bundesrepublik gebe, daß Begegnungen und Beziehungen wieder möglich geworden seien und daß das zarte, aber immer noch und immer wieder anfällige Pflänzchen Vertrauen und Versöhnung zu keimen begonnen habe. Wie anfällig jedoch dieses Pflänzchen noch immer ist, zeigten im Winter 85/86 die Vorfälle am Frankfurter Schauspielhaus, wo Rainer Werner Faßbinders Stück „Der Müll, die Stadt und der Tod" gegen den Willen der Frankfurter Jüdischen Gemeinde aufgeführt werden sollte, und auch die antisemitischen Äußerungen des Bürgermei-

sters der Stadt Korschenbroich, der inzwischen zurückge-
treten (worden) ist. Hildegard Hamm-Brücher warnt davor,
diese Vorfälle zu bagatellisieren. „Vom wieder aufbrechen-
den Rassismus, in welchem Gewande auch immer – und
seien es auch ‚nur' Stammtischparolen – müssen wir uns
alle betroffen fühlen!", sagt sie, und „statt stillzuschweigen,
müssen wir Kräfte in unserem Lande unterstützen, die …
den Weg des Erinnerns zur Aussöhnung gehen!" Das
Motto der Woche der Brüderlichkeit 1986 „Die Bewährung
liegt noch vor uns" war von hoher Aktualität.

*

8. Mai 1945 – der Tag der „Befreiung und Erlösung" war
der bis dahin schönste Tag im Leben der nun fast vierund-
zwanzigjährigen Hildegard Brücher. „Nie wieder" schrieb
sie, „in meinem Leben habe ich so intensiv gefühlt, was es
heißt, weiterleben zu dürfen – frei leben zu dürfen – ohne
Ängste in unendlicher Dankbarkeit und in der unerschüt-
terlichen Hoffnung auf eine bessere Zukunft."[10]
In den Monaten vor Kriegsende hatte sie zunächst den
experimentellen Teil ihrer Doktorarbeit abgeschlossen,
einige Wochen vor der Kapitulation radelte sie von Prüfung
zu Prüfung durch das zerstörte München und in oberbaye-
rische Dörfer zu ausgebombten Prüfern, um das Rigorosum
zu bestehen.
In diesen letzten Kriegsmonaten gelang es ihr trotz aller
Schwierigkeiten auch immer wieder, die Verbindung zu
zwei ihrer Brüder aufrecht zu erhalten, die 1944 zur Organisation Todt zwangsverpflichtet worden waren und in KZ-
ähnlichen Lagern unter härtesten Bedingungen Schwerstar-
beit leisten mußten. Aus dieser Zeit gibt es noch Tagebuchaufzeichnungen, die besser als jeder nachträgliche Bericht,
in der Diktion jener Jahre verfaßt, das Geschehen und
Empfinden wiedergeben:
„Der Krieg ist im Land bis zur Elbe, über die ich noch vor
vierzehn Tagen verweint und stumpf vor Schmerz fuhr, bis
Leipzig, wo ich die Brüder weiß. Diese Reise war ein unver-

geßliches Erlebnis für mich. – Nachts fuhr ich durch Deutschland – „in den letzten Zügen" – mit den letzten Zügen hinauf in den Norden, und immer vor mir, heller als alle anderen Sterne, der Abendstern ... überall aber dieses Elend. Die nächsten Wochen werden auch für uns die Entscheidung bringen. – Wir gehen unter, weil es diese Führung will – ihr Untergang soll auch der unsere sein –, vielleicht will es auch Gott. – Als ich am Karfreitag in Schwerin zum erstenmal seit langem das Abendmahl wieder nahm – fühlte ich mich gestärkt – wie die Gralsritter, die aus dem Montsalwatsch zurückkehren. – Ich fühlte mich Gott wieder anbefohlen. Mit der ganzen Kraft meines armen Herzens bete ich für die verstreuten Brüder und Freunde – für alle Menschen, die mir auf dieser Reise begegneten und die ich nicht mehr vergessen kann."[11]

In Starnberg, wo sie wohnte, seit sie 1943 in München ausgebombt war, bereitete sich Hildegard Brücher auf das Kriegsende vor. „Dazu gehörten meine Vorräte: fünf mittelgroße Säcke mit abgesparten luftgetrockneten Brotscheiben, selbstfabriziertes Saccharin, selbstgekochte Seife, selbstgepreßtes Rapsöl und andere kostbare Eß- und Tauschvorräte. An zehn Stellen hatte ich (später teilweise nie wiedergefundenes) Geld versteckt und Schmuck und Papiere in alten Blechdosen vergraben"[12], schreibt sie.

Auch in Starnberg gab es noch „Werwölfe" und alte Nazis. Diese drangen darauf, daß das Städtchen „verteidigungsbereit" gemacht wurde. Und wie Hildegard Brücher berichtet, wurde zum Beispiel direkt vor ihrem ebenerdigen Fenster eine Panzersperre aus ein paar Baumstämmen errichtet und den Hausbewohnern von einer Werwolfführerin aufgetragen, bei Einrücken des Feindes an dieser Panzersperre zu stehen und kochendes Wasser in die amerikanischen Panzer zu gießen. Durch solche und andere kindischen Vorhaben, wie zum Beispiel das Anbringen von Sprengstoff an kleinen Holzbrücken, die über schmale Flüßchen führten, sollte nach dem Willen der letzten rabiaten Ortsnazis der Vormarsch der Amerikaner aufgehalten werden.[13]

Der Einmarsch der Amerikaner gestaltete sich dann allerdings ganz anders. „Als die amerikanischen Jeeps und Panzer wenige Tage vor Kriegsende durch meine Straße nach Starnberg hineinrollten, hingen plötzlich wie durch Zauberhand an sämtlichen Fenstern weiße Bettücher (gelegentlich auch vergilbte, weißblaue Fahnen), und als sich auf dem Marktplatz ein kleines Kontingent amerikanischer Soldaten versammelte, flogen bereits die ersten Blumensträuße, und aus einer kleinen Konditorei wurde friedenstiftendes Eis herausgebracht"[14], liest man in ihren Notizen.

Nach Erleichterung, Feiern und Freude – auch Menschen, die sich nicht kannten, fielen sich mit Tränen in den Augen um den Hals – konnte man damals merkwürdigerweise bald feststellen, daß es überhaupt keine Nazis mehr gab, wohl auch nie gegeben hatte. Mehr oder minder versicherte jeder, daß er schon immer „dagegen" gewesen sei.

„In den nächsten Tagen," schreibt Hildegard Brücher weiter, „tauchten in Starnberg die ersten verelendeten ehemaligen KZ-Häftlinge auf, und wo immer sie auftauchten, tat sich unter den Deutschen qualvolles Entsetzen, Angst und im Gefolge oft leider auch klammheimliche Abneigung auf. Als ich von einem amerikanischen Offizier gefragt wurde, ob ich von KZs gewußt hätte, bejahte ich dies wahrheitsgemäß. Weshalb gaben es so wenige zu? Das Ausmaß der Greuel- und Schandtaten konnte ich allerdings überhaupt nicht ermessen. Damals wurde mir rasch klar, daß die Nachkriegszeit und jeder mögliche Neuanfang von dieser grauenhaften Schuld, Scham und Verantwortung verdüstert und belastet sein würde. Ich bezweifelte (und zweifle bis heute), ob wir diese Last je würden tragen und abtragen können."[15]

*

Im Rückblick auf die erste Friedensweihnacht 1945 hat Hildegard Hamm-Brücher die Ereignisse dieses für sie schicksalhaft folgenschweren Jahres selbst zusammengefaßt.

Am 20. Dezember 1981 stand in der „Welt am Sonntag":

Wer vermag es heute noch nachzuempfinden, was es damals für mich – einen 24jährigen jungen Menschen – bedeutet hat, daß Angst, Schrecken und Ungewißheit – bis dahin ständige Lebensbegleiter – auf einmal von mir genommen waren und mein ganzes Sein nach einigen Monaten des allmählichen Begreifens von einem ungekannten Glücksgefühl erfüllt war? Krieg und Nazi-Schreckensherrschaft, die ständige Angst um Freunde an der Front und im KZ, um Verfolgte im Land und in der Emigration waren zu Ende. Wir – fünf elternlose Geschwister – hatten wie durch ein Wunder überlebt und fanden uns im Laufe des Jahres in Starnberg bei München wieder. Auf einmal lag ein Leben in Frieden *und* in Freiheit – ein angstfreies Leben vor uns. Nun endlich durften wir leben, denken, sagen, tun und lassen wie und was wir wollten! Was zählten dagegen alle materiellen Nöte? Damit würde man schon irgendwie zurechtkommen. Verwöhnt waren wir ohnehin nicht, und es machte uns im ersten Nachkriegssommer wenig aus, uns irgendwie durchzuschlagen mit Lebensmittelmarken, mit kleinen, sorgsam gehüteten Vorräten und mit Tauschgeschäften, wozu selbstgemachte Seife, künstliches Saccharin und andere chemische Kochkünste ebenso gehörten wie das allmorgendliche Beerensammeln in den Starnberger Wäldern und gemeinsames Holzschlagen für einen späteren Winter – 15 Ster Holz statt 5 standen einem pro Kopf zu, wenn man es selber „machte" und „einfuhr", wobei der uralte Förster auch noch beide Augen zudrückte. Es war ein sorgloses Robinson-Crusoe-Leben.

Als sich der herrliche Sommer 1945 dem Ende zuneigte und im Überschwang kleiner und großer Freuden genossen war, stellte ich zu Herbstbeginn fest, daß unser Geld zu Ende ging, die jüngeren Geschwister ohne oder ohne abgeschlossene Ausbildung und wir alle ohne gemeinsame Bleibe waren.

Irgend etwas mußte also geschehen! Ich war die einzige mit einer gerade durch Promotion abgeschlossenen Berufsausbildung als Chemikerin, aber ohne Arbeitsplatz. Ob und wie es mit der Chemie oder einer möglichen Universitätslaufbahn weitergehen würde, war völlig ungewiß. Also was sonst? Ich wollte, ich mußte etwas Neues anfangen, was sowohl zu unserem Lebensunterhalt beitragen konnte als auch meinem unbändigen Freiheits- und Betätigungsdrang – nun am Aufbau eines demokratischen Landes mithelfen zu können – entsprach.

Ich weiß nicht mehr genau, wer mich eigentlich darauf aufmerksam machte, daß die zweimal in der Woche in München erscheinende, amerikanisch geleitete „Neue Zeitung" nach „unbelasteten" deutschen Mitarbeitern suchte. Jedenfalls wanderte ich irgendwann im Oktober 1945 in die Schellingstraße in das arg zerstörte ehemalige Hauptquartier des „Völkischen Beobachters" und stand vor einem reichlich bärbeißigen, relativ jungen amerikanischen Offizier. Ich erzählte ihm, daß ich Chemikerin sei, immer sehr gute Aufsätze geschrieben hätte und brennend interessiert sei, beim Wiederaufbau mitzuarbeiten. Ich wurde gründlich ausgefragt – zu einigen weiteren amerikanischen bärbeißigen Offizieren geschickt, die alle gut Deutsch sprachen, und schließlich aufgefordert, etwas über den berühmten deutsch-jüdischen Nobelpreisträger Fritz Haber zu schreiben. Da man zudem niemand Jungen als „Reporter" hatte, schickte man mich auch hin und wieder los, um zum Beispiel bei einem freundlichen kleinen Herrn, der sich Stadtschulrat Dr. Anton Fingerle nannte, etwas über die Wiedereröffnung der Münchner Volksschulen in Erfahrung zu bringen, oder zum ersten Nachkriegsrektor der Münchener Universität, dem berühmten Romanisten Karl Vossler. So wurde ich „freie", später feste „wissenschaftliche Mitarbeiterin" bei der „Neuen Zeitung".

Das war auf Anhieb genau das Richtige – ein phantastischer Glücksfall! Ich machte mich mit Feuereifer an die Arbeit und meine bärbeißigen Amerikaner waren's zufrieden. Über das Leben und Werk Fritz Habers bis zu seiner Emigration konnte ich hintenherum in der Bibliothek des Deutschen Museums und vorneherum über meinen Doktorvater Heinrich Wieland alles Nötige erfahren. Den Artikel schrieb ich mindestens ein dutzendmal um, bis er endlich anläßlich eines runden Geburtstages des großen und genialen Forschers als Namensartikel erschien. Er war der erste von vielen anderen Beiträgen über naturwissenschaftliche Themen (z. B. über das Wundermittel Penicillin, DDT-Puder, die erste Atomspaltung etc.) und ihre Entdecker.

Meine ersten Recherchen und Berichte über die katastrophalen Schul- und Hochschulverhältnisse in München, später ausgedehnt auf die „amerikanisch besetzte Zone", waren der Anfang meines leidenschaftlichen bildungspolitischen Engagements. Wie anders würde bei uns eine dauerhafte Demokratie entstehen können, als durch den Aufbau eines freiheitlichen, *allen* Kindern und Jugendlichen aus *allen* sozialen Schichten zugängliches Schul- und Bildungssystems? Dafür schrieb ich mir gern die Finger wund – eine gute Vorübung zu den späteren jahrzehntelangen heißen und leidenschaftlichen Kämpfen um die Gemeinschaftsschule und für mehr Chancengleichheit in unserer Gesellschaft.

So hatte mein Leben – damals im Herbst 1945 – noch ehe ich es recht begriffen hatte, *die* entscheidende Wendung genommen. Die allerersten Schritte in einen öffentlich wirksamen Beruf waren getan. Zudem verdiente ich nun regelmäßig ein paar hundert Mark, las meinen Namen bis Weihnachten bereits zweimal gedruckt in der Zeitung und – was nicht hoch genug zu veranschlagen war: Ich bekam jeden Tag eine kräftige Suppe – manchmal mit einer dicken Scheibe „corned beef" – und einem riesigen Stück Weißbrot. An Umbruchabenden gab es sogar gelegentlich in schwimmendem Fett gebackene „Doughnuts", die einige der bärbeißigen Amerikaner taktvoll für die deutschen Mitarbeiter hinterließen – alles zusammen genug, um die Ernährungslage der Familie spürbar zu verbessern.

Am allerschönsten und wichtigsten aber war: Ich lernte interessante und einflußreiche Leute kennen und erfuhr, was los war. Niemand achtete besonders auf die junge, pummelige freie Mitarbeiterin, aber die achtete auf *alles*. Auf die Gespräche und Diskussionen der deutsch-amerikanischen Journalisten und ihres damals noch kurze Zeit amtierenden ebenso brillanten wie arroganten Chefredakteurs Hans Habe, der uns Deutsche bestenfalls herablassend zur Kenntnis nahm. Auch wurde ich mit den anderen deutschen Mitarbeitern, die nach und nach eingestellt wurden, bekannt. Dabei gab es gleich dreimal Liebe auf den ersten Blick: Es waren Erich Kästner und Luise-Lotte Enderle sowie Walter von Cube, die ich von allem Anfang an hingebungsvoll bewunderte. Sie hatten die Weimarer Republik und die Anfänge des Nationalsozialismus miterlebt. Sie kannten die Zusammenhänge und hatten die Naziherrschaft gradlinig und tapfer durchgestanden. Rückhaltlos bekannten sie sich trotz aller Nachkriegsmiseren zu den kollektiven Folgen des verlorenen Krieges und zum Aufbau eines besseren Deutschland, und vor allem – wie wunderbar sie schreiben konnten! Ich wollte unendlich viel von ihnen lernen. Ich schämte mich über mein Schulmädchen-Deutsch und nach einem wohlmeinend ermutigenden Wort von ihnen ging ich wie auf Wolken. Sie wurden meine besten Lehrmeister und Freunde, deren ich noch heute mit tiefer Dankbarkeit gedenke.

So kam Weihnachten 1945 heran – die erste Friedensweihnacht.

Sie wurde für mich zur großen Freudenweihnacht. – Es war das erste Weihnachtsfest in meinem jungen Leben (meine Eltern waren 1931 und 1932 gestorben), an dem ich das beglückende Erleben an der Krippe und auf dem Felde leib- und sinnenhaft nachvollziehen konnte. Zum ersten Mal empfand ich die Weihnachtsgeschichte als die *Heils*-Geschichte, als lebendige Hoffnung und als Kraftquell, wirksam über eintausendneunhundertfünfundvierzig Jahre hinweg. Die Geburt des „Heilands" war für mich nicht länger nur ein Gedenktag, sondern eine wirkliche Ankunft, die ich in diesem Jahr 1945 erstmals bewußt erleben und erfahren durfte.

Nach der Christmette saß ich mit zwei meiner Geschwister in meinem etwa 10 qm kleinen Starnberger Zimmer (eine gemeinsame Geschwisterwohnung fanden wir erst später). Das im Sommer selbstgeschlagene Holz brozelte gewaltig im winzigen Ofen, das Tannengrün duftete frisch und das Roggenmehl- und Kunsthoniggebäck mundete trefflich. Drei selbstgegossene Kerzen waren von den Kriegsvorräten übrig geblieben. Wir lasen noch einmal die Weihnachtsgeschichte aus dem bebilderten Neuen Testament, das ich 14 Jahre zuvor im Kindergottesdienst mit der Unterschrift unserer Kindergottesdienstpfarrer Röhricht und Niemöller erhalten hatte. Wir blätterten darin und erinnerten uns an die kurzen, aber glücklich-behüteten Jahre der frühen Kindheit. Tiefe Dankbarkeit stieg in uns auf.

Später gab es noch einen Spaziergang zum Marktplatz und noch später ein Nachtkonzert aus dem klapprigen Volksempfänger, der den Krieg ebenso überstanden hatte wie die kleine „Erika"-Schreibmaschine, die ich zur Konfirmation 1936 bekommen hatte und auf der ich seither alles getippt habe, von den ersten Briefen aus der Fremde über die Doktorarbeit, meinen ersten Artikeln in der „Neuen Zeitung" bis zu diesen Zeilen des Erinnerns an das Jahr 1945 und seines weihnachtlichen Erlebens.

Niemals wieder in meinem Leben (ausgenommen nach der Geburt meiner Kinder) war ich so vollkommen glücklich, so empfindungs- und aufnahmefähig, so sicher in meinem Glauben an das Heil des Friedens durch Versöhnung in einer unheilen und unversöhnten Welt.

So geschah es also, daß ich Weihnachten erst als Erwachsene entdeckt und das Geheimnis der Christgeburt erst 1945 erfahren habe –, nachdem die meine Jugend prägende christliche Erfahrung Karfreitag, Kreuzigung und Tod gewesen war. Eine ungewöhnlich verkehrte Glaubens- und Lebenserfahrung – gewiß – aber ich möchte sie nicht missen. Sie hat mir damals und seither immer von neuem die Freude und damit die Kraft zum Durchhalten gegeben.

Begegnung mit Theodor Heuss

Ein kleiner grüner Fiat, ein Koffer mit dem Notwendigsten, eine junge Journalistin, ausgestattet mit Intelligenz, Furchtlosigkeit und jugendlichem Schwung – überall dorthin, wo in der Bi- und Trizone der Jahre 1945 bis 1948 bildungspolitische Zukunftsentscheidungen getroffen werden sollten oder Mißstände aufzudecken waren, schickte die „Neue Zeitung" die in ihrem Auftreten liebenswürdige, in ihrem Urteil unbestechliche und in ihren Berichten kompromißlos wahrheitsgetreue wissenschaftliche Mitarbeiterin Hildegard Brücher. Auf ihren Fahrten durch das zerstörte Deutschland, bei Gesprächen mit den damals verantwortlichen Bildungspolitikern und zuständigen Besatzungsstellen, mit Professoren, Lehrern, Studenten und Schülern lernte sie die geistigen und materiellen Nöte der unmittelbaren Nachkriegszeit an den deutschen Ausbildungsstätten kennen. Damals gab es so gut wie keine öffentliche Institution in Deutschland, die nicht durch den Nazismus kompromittiert worden war; gerade auch die Universitätsprofessoren, Lehrer, Richter hatten dem Regime ihre Unterstützung nicht versagt.

Tiefergreifender als die materiellen Schwierigkeiten dieses Neubeginns waren die geistigen.

Nach Hildegard Brüchers Vorstellungen sollte die Nachkriegszeit eine Nach-Hitler-Zeit werden. Sie dachte sich Deutschland damals vor allem als ein Land, das sich mit seiner unheilvollen Vergangenheit auseinandersetzt, seine historische Schuld erkennt und anerkennt, das Sühne für die entsetzlichen Verbrechen leistet, die in seinem Namen geschehen waren, und in dem jeder einzelne bereit ist, seinen Beitrag zur Versöhnung und Aussöhnung zu leisten. Bei ihren Reisen durch das entkräftete Land begriff sie schnell, wie schwierig es sein würde, diese Vorstellungen zu verwirklichen. Hunger und Kälte, das Warten auf die Angehörigen, die noch in Kriegsgefangenschaft oder verschleppt waren, das Flüchtlingselend, die Wohnraumnot, das Leben in den Trümmern, die Demontagen der Industrie, der sich abzeichnende „Kalte Krieg" zwischen den westlichen und östlichen Siegermächten, die Entnazifizierung – diese Fragen beschäftigten die Menschen. Zu wirklicher Katharsis waren nur wenige bereit; die meisten flüchteten sich ins Verleugnen und Verdrängen der entsetzlichen Verbrechen, die im Namen Deutschlands geschehen waren.

Ohne einen wirklich zeitgemäßen geistigen Zusammenhang zwischen Vergangenheit und Gegenwart herzustellen, bemühten sich inzwischen die offiziellen deutschen Stellen, an die politischen Vorstellungen der Weimarer Republik anzuknüpfen und christlich-humanistische Traditionen neu zu beleben.

Hildegard Hamm-Brücher sagt im Rückblick auf die unmittelbare Nachkriegszeit: „Die Menschen, die man zum Aufbau der Demokratie in diesen Jahren dringend benötigt hätte, waren entweder im Krieg gefallen, in den Konzentrationslagern oder auf dem Schafott umgekommen, sie waren emigriert oder körperlich oder seelisch gebrochen. Nur wenige wirkliche Demokraten hatten überlebt und die Kraft zu einem Neubeginn."

Auf einer dieser Reisen, als deren Ergebnis sie im Winter 1946/47 über den Stand der Hochschulen in den westlichen Besatzungszonen berichten sollte, lernte sie im Herbst 1946 im zerbombten Seitenflügel der Technischen Hochschule in Stuttgart den damals dort amtierenden Kultminister Theodor Heuss kennen. Sein kritisches Urteil, seine humorige, verständnisvolle Art überzeugten sie von Anfang an. Von dieser ersten Begegnung berichtet Hildegard Hamm-Brücher:

„Im offiziellen Teil des Gesprächs erzählte er mir über die materiellen Schwierigkeiten beim Neubeginn des Schul- und Hochschulwesens. – Als viel ärger aber empfand er, daß es an unbelasteten und geeigneten Lehrern fehlte, daß Lehrpläne und Schulbücher von Nazi-Geist verseucht, daß Bildungs- und Erziehungsziele mißbraucht worden und daher nicht mehr brauchbar seien. Und am ärgsten sei es, daß es in der Schule und überall auf dem Gebiet der Erziehung an der „Luft der Freiheit" fehle. Es würde sehr lange dauern – länger noch als der materielle Wiederaufbau –, bis die geistigen, moralischen und pädagogischen Schäden überwunden seien. Zum erstenmal hörte ich etwas über eine notwendige demokratische Schulreform und ihre Ziele. Genau das war es, was nur wenige Jahre später für mehr als zwei Jahrzehnte das Kernstück meines eigenen politischen Engagements werden sollte."[16]

Eine halbe Nacht lang haben Theodor Heuss und seine nicht minder kluge und aktive Frau, Elly Heuss-Knapp, mit dem damals fünfundzwanzigjährigen jungen Menschen bei Pfefferminztee und Roggenkeksen diskutiert, haben über ihre Sicht der politischen Vergangenheit – Theodor Heuss hat sich nie verziehen, daß er aus Fraktionstreue dem Ermächtigungsgesetz Adolf Hitlers vom 23. 03. 1933 zugestimmt hatte – und der sich aus der Vergangenheit heraus zu formulierenden Zukunftsaufgaben gesprochen.

Hier sprach endlich ein deutscher Politiker aus, daß, wenn schon nicht Kollektivschuld, so doch auch nicht Kollektivunschuld, sondern Kollektivscham das zukünftige Bewußtsein des Deutschen Volkes bestimmen müsse.

Hier verlangte endlich jemand nach deutscher Selbstreinigung und nicht nach der von den Siegern verordneten Fragebogen-Entnazifizierung. Hier wagte endlich auch jemand Gründe zu nennen, die die ungeheuerlichen Verbrechen der Vergangenheit zu erklären halfen: die Bequemlichkeit des Denkens und Handelns, die Auflösung der Selbstverantwortung und des Gewissens, die Feigheit, der Rassenhochmut und die aus ihm resultierende Hybris, die zu Nicht-Achtung der Menschenwürde des andern führte, die polare Spannung, die dem deutschen Volkscharakter zugeschrieben wird: einerseits Überheblichkeit, andererseits Subalternität, die Zerbrochenheit der geschichtlichen Entwicklung Deutschlands, die gescheiterte erste Demokratie und das Fehlen einer erfolgreich verlaufenen freiheitlichen Revolution.

Im Gegensatz zu vielen Deutschen, die ihr auf diesen Reisen begegnet waren, wirkte der über sechzigjährige Theodor Heuss weder geistig noch moralisch erschöpft. Im Gegenteil!

In der nun anbrechenden Nachkriegszeit, so meinte er, müsse man die Deutschen zu Freiheit, Selbstverantwortung und elementarer Liberalität erziehen. Es gebe die „Gnade des Neubeginns!" Dieser große Liberale, der sich nicht in ein ideologisches Programm einbinden ließ, der in seinem Urteil immer kritisch und aufrichtig blieb, ein geschärftes soziales Gewissen besaß, mutig zu seiner Meinung stand

(Presse-Bild P. Sessner)

Hildegard Hamm-Brücher und Theodor Heuss 1960

40

und bei aller Kritik an seinem Vaterland, Land und Leute dennoch liebte, wurde von nun an politisch richtungweisend für Hildegard Brücher. Das bekannte „Mädele, Sie müssen in die Politik!" wurde an diesem Abend ausgesprochen.

Hildegard Hamm-Brücher hat sich seither immer bemüht, seine Gedanken und sein Andenken lebendig zu erhalten. Hiervon zeugen zahlreiche Veröffentlichungen. Ihre erfolgreichste Initiative aber ist in diesem Zusammenhang die von ihr 1964 – gemeinsam mit dem Sohn Ernst Ludwig Heuss und dessen Frau Ursula und vielen näheren Freunden – ins Leben gerufene „Stiftung Theodor-Heuss-Preis." Zielsetzung und Satzung des Preises, der durch private Spenden finanziert wird, verlangen, daß sich Vorstand und Kuratorium der Mühe unterziehen, politische Ereignisse mit dem Blick auf die Gesamtsituation unserer Demokratie zu analysieren. „Erst dann wird nach Personen und Gruppen gesucht, die ‚Flagge gezeigt' haben, die Beispiele gegeben haben für demokratisches Verhalten, für bemerkenswerte Zivilcourage oder für erfolgreiche Aktionen zugunsten des Allgemeinwohls"[17], oder detaillierter, „die aufbegehren gegen soziales oder gesellschaftliches Unrecht, gegen Gleichgültigkeit oder Behördenwillkür, gegen Ausländerfeindlichkeit oder Diskriminierungen aller Art, die sich einsetzen für Versöhnung und Wiedergutmachung, für den Schutz unserer natürlichen Umwelt, für freiheitliche Entwicklungen und Friedensfähigkeit, für Minderheiten und Verfolgte bei uns und in allen Teilen der Welt – vor allem in der ‚Dritten' Welt. Gesucht und gefunden wurden Beispiele für das, was Theodor Heuss als ‚Gesinnungskraft der Demokratie' bezeichnete"[18].

In den zweiundzwanzig Jahren des Bestehens dieses Preises zeigte sich ein erfreulicher „Zuwachs an demokratischen Kräften und Lebensformen", sagt Hildegard Hamm-Brücher rückblickend. Und sie nennt aus der Reihe der Preisträger beispielhaft die Namen von: Gustav Heinemann, Marion Dönhoff, Walter Scheel, Liselotte Funcke, Richard von Weizsäcker, Horst Eberhard Richter, Graf Baudissin, Rupert Neudeck, die Aktion Sühnezeichen.

„Grundsatz der Stiftung war und ist es, immer wieder an Beispielen deutlich zu machen, daß die Erhaltung der Demokratie höchste Anforderungen an Wissen und Gewissen des einzelnen stellt, so wie Heuss es voraussagte", fügt sie hinzu, „denn es galt und gilt vor dem Mißbrauch der Freiheit zu warnen, Gefährdungen nicht zu verschweigen, die Verantwortung des einzelnen für seine Freiheit und die der anderen zu einem Schwerpunkt unserer Arbeit zu machen."

Lehrjahre als Stadträtin in München

Anders als die beiden großen Parteien CDU und SPD hatten die liberalen Parteigruppierungen, die sich in der unmittelbaren Nachkriegszeit in der Sowjetzone und den drei westlichen Besatzungsgebieten bildeten, kein festumrissenes, von einer einheitlichen Weltanschauung getragenes Parteiprogramm.

Abkehr von jeglichem sozialistischen Denken und Handeln und Ablehnung jeder klerikalen oder konfessionellen Bevormundung – diese Gedanken einten die Gruppierungen. Einig war man sich auch darin, daß es weniger auf Grundsatzerklärungen als auf praktisches liberales politisches Handeln ankäme.

Man wünschte sich eine neue liberale Partei, die an die liberalen Parteien der Weimarer Republik, die „Deutsche Volkspartei" und die „Deutsche Demokratische Partei", anknüpfte, doch die damaligen Fehler der Zersplitterung und Spaltung vermied.

Am 11./12. Dezember 1948 kam es – ausgehend von den politischen Gruppierungen, über die Konstitution von Landesverbänden und den westzonalen Zusammenschlüssen dieser Landesverbände – zur Gründung der Freien Demokratischen Partei in Heppenheim an der Bergstraße. Ihr erster Vorsitzender wurde Theodor Heuss.

Theodor Heuss hatte kurz nach der ersten Begegnung in Stuttgart 1946 Generalstaatsanwalt Thomas Dehler, den Vorsitzenden des Bayerischen Landesverbandes der FDP, auf die junge Journalistin in München aufmerksam gemacht. Seither erhielt sie Einladungen zu Münchner Parteiveranstaltungen, bemühte sich auch der Münchner FDP-Vorsitzende, Otto Bezold, um ihre Mitarbeit. Heute sagt Hildegard Hamm-Brücher von ihrem Schritt in die aktive Politik: „Von der ersten Nachkriegsminute an war mir klar, daß ich mich politisch engagieren wollte. Freunde und mir nahestehende Menschen hatten ihr Leben geopfert. In ihrem Sinne wollte ich etwas tun. Ich wußte nur nicht: Was und wie! Zwar war und bin ich überzeugte Christin, doch, was man damals von der CSU und Alois Hundhammer hörte, erschien mir mittelalterlich. Und Sozialdemokratie? Für ein „Bürgermädchen" wie mich war das damals viel zu fern. Und deshalb war dieser liberale, leicht progressive, nicht ideologisch verfestigte Bürgersinn genau das richtige."

Beruflich war Hildegard Brücher zu dieser Zeit noch wissenschaftliche Mitarbeiterin bei der „Neuen Zeitung". Dort allerdings spitzten sich die Verhältnisse zu, nachdem es in der Chefredaktion Veränderungen gegeben hatte. Immer mehr hatten Hildegard Brücher und andere deutsche Journalisten das Gefühl, nur noch Briefträger zwischen der amerikanischen Militärregierung und der deutschen Öffentlichkeit zu sein. Die Auseinandersetzungen der um Verantwortlichkeit und Meinungsfreiheit bemühten Deutschen endeten im Februar 1949 mit dem Austritt aus der Redaktion.

Privat spielte sich das Leben der „Großfamilie Brücher" – drei Geschwister und ein Vetter mit Ehefrau – in der Hermann Linggstraße in München ab. Hildegard Brücher hatte dort eine Vier-Zimmer-Wohnung mit Blick auf Trümmer und einen intakten Hinterhof gefunden. Jedes der Geschwister besaß nun ein winziges eigenes Zimmer. Familienleben fand in der Küche statt. Freunde waren stets willkommen.

Ende 1947 beschlossen die Münchner Liberalen, sie, obwohl noch nicht Mitglied der FDP, für die Stadtratswahl im Mai 1948 als Kandidatin aufzustellen. Gemessen am heutigen Werbeaufwand waren die Vorbereitungen bescheiden. Irgend jemand organisierte zwölf größere Papiertüten bester Vorwährungsreformqualität. Diese schlitzte man an den Seiten auf, und ein künstlerisch begabter Jungdemokrat malte auf die Tüten ein Frauenporträt, das Hildegard Brücher darstellen sollte. Die Physiognomie war auf jedem Plakat unterschiedlich, beständig waren nur der Wuschelkopf, Tituskopf-Frisur nannte man das damals, und die blau-grünen Augen. Hildegard Brücher kochte den Leim, und dann klebte man diese zwölf Plakate auf Ruinen und Wände in Schwabing. „Verjüngt den Stadtrat! Wählt Hildegard Brücher! Wählt FDP!" Die Parole hatte Erfolg. Hildegard Brücher wurde eine der beiden ersten Stadträte der FDP in München und trat in die Partei ein. Die „Lehrjahre" begannen.

Zu dieser Zeit stellte die SPD unter Oberbürgermeister Thomas Wimmer die Mehrheit im Stadtrat; ein Drittel wurde von der CSU bestimmt; die Bayernpartei stellte sieben Stadträte und die FDP zwei. Damals fanden sich in allen Parteien vor allem Anti-Nazis zusammen, Menschen, die in den KZs gelitten, die ihre Gesinnung unter Beweis gestellt hatten. Deshalb waren auch die ersten Jahre des politischen Neubeginns in Deutschland letzlich von der Einigkeit der Demokraten getragen. Parteienstreit und -hader, wie er später auftauchte, gab es damals noch nicht. Dies machte das politische Handeln effektiv.

Die Frauenriege im Münchner Stadtrat bestand aus vier SPD-Frauen, einer CSU-Frau und Hildegard Brücher. Die Damen hielten wie „Pech und Schwefel" zusammen und waren stolz, wenn es ihren gemeinsamen Anstrengungen gelang, die erste Frau zur „Amtmännin" zu befördern, die „erste weibliche Schulleiterin" zu berufen, Frauen die „Teilnahme an Fortbildungskursen" zu ermöglichen. Von Gleichberechtigung war man in diesen Jahren noch weit entfernt. Jeder dieser Erfolge war ein Meilenstein.

Wie immer, wenn Hildegard Brücher eine Aufgabe übernimmt, widmet sie sich ihr mit ganzer Kraft. Mit großer Begeisterung und Engagement wandte sich die jüngste Stadträtin Münchens ihren Pflichten zu. Diese ersten Nachkriegszeiten verlangten praktisch Allroundbegabung. Die Stadträtin, „Stadtmutter" wie sie sich in einem Zeitungsartikel bezeichnete, hatte sich einzusetzen für: den Wiederaufbau der Wohnungen, die Fürsorge für Alte, Kranke und Alleinstehende, die Heimatlosen und Vertriebenen, den Aufbau von Schulen und Kindergärten, den Besuch der von den Amerikanern initiierten Jugend- und Frauenclubs, den Wiederaufbau der Münchner Universität und der Münchner kulturellen Einrichtungen. Ihre damalige Arbeitsweise verrät die für sie auch heute noch gültigen Prinzipien:

- Politische Entscheidungen müssen flexibel sein. Starre Prinzipien, ideologische Verhärtungen haben keine Chance, was jedoch nicht heißt, daß der Zweck die Mittel heiligt.
- Politik muß immer zu praktikablen Ergebnissen führen.
- Politik muß für den Bürger transparent sein, sie muß ihn zur Mitgestaltung anregen.
- Der Politiker hat sich in erster Linie für das Wohl der Bürger einzusetzen, die er vertritt. Reine Parteiinteressen stehen dahinter zurück.

Lange bevor die neue Frauenbewegung es für alle deutlich formulierte, hat Hildegard Brücher ausgesprochen, daß Frauen verstärkt in der Politik tätig werden müßten, weil sie dort mit anderen Einstellungen, mit einem anderen Augenmaß, mit anderen Mitteln und oft auch für andere Zielvorstellungen als Männer arbeiteten. Eine ihrer ersten Wortmeldungen im Stadtrat bezog sich, so erinnert sie sich, auf einen Antrag der Bayern-Partei, die ganz im Geiste der damaligen Zeit, sich möglichst alles Vergangenen zu entledigen, die Sprengung des Bismarck-Denkmals vor dem Deutschen Museum verlangte. „Eigentlich haben wir doch genügend in die Luft gesprengt", sagte die junge Stadträtin, „was jetzt noch erhalten ist, sollten wir doch stehenlassen!"

In München hatten die gewählten ehrenamtlichen Stadträte, neben den bereits vermerkten Pflichten, Sonderaufgaben zu übernehmen und als Korreferenten bei Entscheidungen der beamteten Stadträte mitzuwirken. Als Sonderaufgabe teilte man Hildegard Brücher das Jugendamt und die Betreuung der Münchner Mädchen-Mittelschulen zu, deren Schulgebäude großenteils ausgebombt oder mit Flüchtlingen belegt waren. Im Sommer 1948 versuchte man, dort langsam wieder Platz zu schaffen, damit – wenn auch in drei Schichten – mit dem Unterricht begonnen werden konnte. In einer Schule war das Dach so zerstört, daß der zweite Stock des Gebäudes nicht benutzt werden konnte. Mit einem Schuloffizianten kletterte die Stadträtin in die Höhe, und während sie den mutigen Mann festhielt und stützte, hämmerte dieser größere Stücke Dachpappe auf die beschädigten Stellen. Der Unterricht konnte anschließend auch im zweiten Stock abgehalten werden. Für „ihre" Schulen war Hildegard Brücher keine Anstrengung zu viel.

In dieser Zeit lernte Hildegard Brücher auch ihren späteren Mann kennen.

Dr. Erwin Hamm, Münchner, geboren 1909, Jurist, CSU-Mitglied, war seit 1946 als einer der ersten berufsmäßigen Stadträte nach dem Kriege damals verantwortlich für das Sozial-Referat, später für „Krankenhäuser und Betriebe". Bei Entscheidungen zu Fragen des Jugendamtes mußte sich Dr. Hamm in dieser Zeit immer erst mit seiner späteren Frau abstimmen. Zu dieser Zeit beschäftigten das Jugendamt vor allem die Probleme der verwaisten, kriminellen, verwahrlosten, obdachlosen Jugendlichen. Sehr oft waren Schwarzmarktdelikte zu verhandeln. Die engagierte, tatkräftige und immer verbesserungswillige junge Stadträtin lag dem städtischen Dezernenten „ständig in den Ohren", er möge doch „positive", „aufbauende", „vorbeugende" Jugendarbeit leisten, damit es erst gar nicht zu diesen Delikten käme. Dr. Erwin Hamm fand durchaus richtig, was die junge „Frau Kollegin" vorzubringen hatte, aber er hatte es schließlich auch mit der Finanzierung all dieser guten Ideen zu tun. Und die Kassen waren damals gar nicht reich gefüllt. Im übrigen gab er dem Ratsneuling auch gelegentlich gute Tips, wie er seine Vorhaben wirksam zur Darstellung bringen könne. Seine „große Sachkompetenz", seine „stete Fairneß" haben ihr oft weitergeholfen, wie sie sagt. Zwei Projekte haben Hildegard Brücher und Erwin Hamm gemeinsam zum Erfolg gebracht: 1951 den Bau eines Städtischen Appartementhauses für alleinstehende, berufstätige Frauen, die damals vielfach noch zur Untermiete wohnen mußten und denen mit diesem Haus erstmals eigene vier Wände angeboten wurden, und 1954 ein Wohnheim für alleinstehende – im damaligen Sprachgebrauch „ledige" Mütter, die dort mit ihren unehelichen Kindern – Kinderkrippe und Kindergarten gehörten zum Haus – unterkommen konnten. Vor allem das letzte Projekt wurde gegen starken Widerstand durchgesetzt und war in einer Zeit, in der noch Prüderie den Umgangston bestimmte, eine kleine Sensation.

Hildegard Brücher und Erwin Hamm heirateten Mitte der fünfziger Jahre. „Den Leuten", sagte Hildegard Hamm-Brücher, „die mich immer wieder fragen, wieso gerade ich mit einem CSU-Mann verheiratet sei, verrate ich gern, daß für uns beide die Übereinstimmung in der antinationalsozialistischen und demokratischen Gesinnung sehr viel verbindender war und ist als alle Parteiunterschiede."

Als Stipendiatin in Harvard

Eines der großen Ziele der westlichen Alliierten war in diesen Jahren die „Umerziehung" der Deutschen, vor allem der Jugend. Im Sommer 1949 rief die amerikanische Militärverwaltung erstmals ein Förderungsprogramm für junge deutsche Politiker ins Leben; ein einjähriges Stipendium zum Studium an einer der renommierten amerikanischen Universitäten. Interviews, Einzelgespräche, ein Aufsatz in englischer Sprache – nachdem Hildegard Brücher alle Auswahl-Hürden genommen hatte, trat sie im September 1949 mit neun anderen jungen Deutschen – zwei Frauen und sieben Männern – auf einem Truppentransporter der US-Army die Überfahrt über den stürmisch bewegten Atlantik an. Sie hatte mit Klaus Schütz, damals Vorsitzender der Jungsozialisten in Berlin, das Glück, nach Harvard zu kommen. Es wurde, wie sie sagt, „ein Jahr der Offenbarung", in dem sie den „american way of democratic life" in jenem Nachkriegsamerika kennenlernte, das noch weit entfernt von späteren Vietnam-Erfahrungen, mit dem Charisma der jungen, gerechten, siegreichen Weltmacht ausgezeichnet war.

Zu dieser Zeit war Dr. James Bryant Conant, späterer amerikanischer Hochkommissar in Deutschland, der Präsident von Harvard. Für den dort herrschenden freien Geist ist folgende Episode kennzeichnend: Ende 1949 ereignete es sich, daß ein sehr einflußreicher ehemaliger Harvard-man Präsident Conant wissen ließ, daß er eine geplante Geldspende der Universität nicht zukommen lassen werde, weil zwei Harvard-Professoren sich in der Öffentlichkeit gegen das Verbot der Kommunistischen Partei ausgesprochen hätten. „Die Antwort des Präsidenten Conant", sagt Hildegard Hamm-Brücher, „war damals und bleibt bis heute ein Dokument vorbildlicher, klarer demokratischer Entscheidung. ‚Der einzige Weg, Ideen zu bekämpfen', ließ er wissen, ‚ist zu zeigen, daß man bessere hat, und es muß jedem Professor – genau wie jedem anderen Bürger – freistehen, politische Versammlungen zu besuchen und Reden zu halten, ohne daß ihm daraus Nachteile erwachsen'". In dieser freien Atmosphäre – „frei im Geist von Lehre und Forschung, frei in der Tat und frei von Furcht und Vorurteil" – ungewohnt für eine junge Deutsche, studierte Hildegard Brücher Politologie. Sie belegte Vorlesungen in „Allgemeine öffentliche Verwaltung", „Geschichte des politischen Denkens von Plato bis Marx" und „Probleme der Stadtverwaltung".

Zur gleichen Zeit lebten und lehrten noch einige der berühmten deutschen Emigranten in Harvard, so der Architekt Walter Gropius, der Komponist Paul Hindemith, der ehemalige Reichskanzler Heinrich Brüning. In engeren Kontakt trat die damals achtundzwanzigjährige „Studentin" – stilecht in Harvard-Look mit Ringelsöckchen, grauem College-Rock, die Bücher im Arm und nicht unter ihm – vor allem zu ihrem Mentor, dem Soziologen C. H. Friedrich, und dem früheren sächsischen Kultusminister Ulich, dessen Frau Elsa Brandström im Ersten Weltkrieg in Sibirien der „Engel der Gefangenen" gewesen war. Das Amerika-Jahr verlief glücklich und ungetrübt. Hildegard Brücher bewohnte ein kleines Appartement unter dem Dach der Dekanin des Redcliff-College, die sie in ihr Herz geschlossen hatte. Land und Leute zeigten sich bei Reisen mit den Greyhound-Bussen von ihren besten Seiten und alles, was man jahrelang zu Hause hatte entbehren müssen, wie Schallplatten, Bücher, Kleider, Schuhe war im Überfluß vorhanden und günstig zu erwerben.

Man gab der jungen Deutschen in diesem Jahr aber auch Gelegenheit, sich in amerikanisch-demokratische Gewohnheiten einzuleben. Hildegard Brücher, seit ihrer Zeit bei der „Neuen Zeitung" mit Problemen der Bildung und Ausbildung befaßt, lernte amerikanische Schulverhältnisse kennen. Was sich bei uns noch lange nicht durchgesetzt hatte – Schülermitverwaltung, Elternmitspracherecht, besuchsoffene Unterrichtsstunden – konnte sie dort erleben. Auch besuchte sie die Kongresse der „parents-teachers association" (Eltern-Lehrer-Vereinigung), die ihr zu vielen Einsichten verhalfen und ihr später nützlich wurden. Nicht weniger wichtig wurde die Mitgliedschaft bei der „League of Women's Voters" (Überparteiliche Frauenvereinigung zur Durchsetzung weiblicher Interessen), bei der sie auf der Ebene des Nationalkonvents aktiv mitarbeitete. Als sie aus Amerika zurückkehrte, versuchte sie auch in der Bundesrepublik eine ähnliche Form des Zusammenschlusses der Frauen. Doch der Versuch scheiterte bereits nach zwei Jahren, weil den deutschen Frauen – soweit überhaupt politisch interessiert – sehr viel mehr an ihrer Parteizugehörigkeit lag als an einer überparteilichen Solidarität in Frauen betreffenden Fragen.

Entscheidend aber für die Organisation ihrer eigenen späteren politischen Auseinandersetzungen – für Wahlkämpfe und Bürgerinitiativen – wurde die Wahl des Bostoner Oberbürgermeisters Hynes im Frühjahr 1950. Eine Gruppe Studenten erprobte hier alle Möglichkeiten eines offenen demokratischen Wahlkampfes: sit-ins wurden veranstaltet, Blumen verteilt, Wahlbroschüren hergestellt und unter die Menge gebracht. Und wie es für die amerikanische Demokratie damals Gesetz schien: Das Gute siegte, das Böse unterlag; der als integer angesehene neue Kandidat triumphierte über den korrupten Amtsinhaber. Hildegard Brücher fühlte sich in allen Überzeugungen bestätigt!

Nicht genug mit diesen rundum erfreulichen Erlebnissen. Das amerikanische Jahr besaß seinen absoluten Höhepunkt: die Einladung ins State Department in Washington. Im Januar 1950 hielt der damalige erste amerikanische Hochkommissar in der Bundesrepublik John McCloy in einem Bostoner Club einen Vortrag über seine Eindrücke von Westdeutschland. Hildegard Brücher fiel ihm in der anschließenden Diskussion durch ihre Anmerkungen zur politischen Lage auf. McCloy lud sie für den nächsten Tag ein, mit ihm nach Washington zu fliegen. Er wollte sie dort Dean Acheson, dem damaligen amerikanischen Außenminister, vorstellen. John McCloy meinte, daß es für den Außenminister nützlich sein könnte, die Ansichten einer jungen, politisch tätigen Deutschen zu erfahren. Den Tag in Washington wird Hildegard Hamm-Brücher nie vergessen. Nicht den Flug – den ersten ihres Lebens – in der alten Propellermaschine von Präsident Roosevelt, der „Sacred Cow", nicht das Herumgereichtwerden in den verschiedenen Sektionen des Außenministeriums, nicht schließlich die Bekanntschaft mit dem Außenminister.

Natürlich blieb dieser Ausflug in die höchste amerikanische Politik in Harvard nicht geheim. Eines Tages wurde Hildegard Brücher zum Harvard-Präsidenten Professor Conant nach Hause eingeladen. Ausgehend von diesen Ereignissen entwickelten sich herzliche private Freundschaften sowohl zu Mr. und Mrs. McCloy als auch zu Mr. und vor allem zu Mrs. Conant. Anfang der fünfziger Jahre wurde Professor Conant zum zweiten amerikanischen Hochkommissar in Deutschland ernannt.

Hildegard Hamm-Brücher sagt über diese Erlebnisse, die weit über die üblichen Erfahrungsmöglichkeiten eines deutschen Stipendiaten in Amerika hinausgingen: „Es war natürlich ganz außergewöhnlich, daß ich als Student in Amerika nicht nur das Studentenleben mitmachen durfte, sondern dank diesem völlig unerwarteten Ereignis Einblick in die politisch und geistig prägende Schicht des Landes gewann."

Als sie im Herbst 1950 „umerzogen" nach München zurückkehrte, von den Segnungen der amerikanischen Demokratie mehr als überzeugt, standen in Bayern Landtagswahlen vor der Tür. Für die FDP tauchte die Frage nach einem Landtagsmandat für Hildegard Brücher auf. „Fräulein Brücher", hieß es damals in der örtlichen FDP-Gruppe, „nein, Fräulein Brücher können wir doch wohl nicht aufstellen, die ist viel zu amerikanisiert." In dieser Zeit ergriff Thomas Dehler die Initiative. Er wies seine Parteifreunde in München darauf hin, daß die „Amerikanerin" doch als Stadträtin einiges in Bewegung gesetzt habe und seine laut vor sich hin gesprochenen Überlegungen: „Unterdessen gibt es doch auch viele Leute, die sie kennen und die sie kennt. Stellt sie doch auf, sie bringt sicher Stimmen!" brachten ihr die Nominierung zur Landtagswahl vom 26. 11. 1950 und nach dem Wahlsieg eines der zwölf Mandate der FDP für den Bayerischen Landtag.

Sechzehn Jahre kulturpolitischer Kampf im Bayerischen Landtag

„Sechzehn Jahre – über vier Legislaturperioden," schrieb 1968 Hildegard Hamm-Brücher über ihre Zeit als Abgeordnete (1950–1966) im Bayerischen Landtag, „habe ich ... das Handwerk der Politik geübt und ausgeübt, das von Max Weber als ein ‚geduldiges Bohren von Brettern mit Augenmaß und Leidenschaft' beschrieben wird.

Im Archiv des Landtags sind folgende Initiativen registriert: 13 Gesetzesentwürfe, 222 Anträge, 8 Interpellationen, 43 schriftliche und 48 mündliche Anfragen. Die Zahl der Reden und Diskussionsbeiträge ließe sich nur in einer Spezialarbeit feststellen. ... Abgesehen von der Zeit der Viererkoalition (SPD/FDP/Bayernpartei/BHE) 1954–57 habe ich, politisch beurteilt, in all den Jahren wenig gute Stunden darin erlebt: Jede liberale Initiative war von vornherein angesichts der übermächtigen Mehrheit der CSU zu Erfolglosigkeit verurteilt, und wenn es keine Argumente gab, dann gab es Hohn, Haß, Drohung und Verleumdung.

Sechzehn Jahre parlamentarischen ‚Bretterbohrens': War es vergebens?"[19]

Das Resumée dieser Jahre scheint entmutigend. Hildegard Hamm-Brücher, die hier die Frage nach dem Wert ihres Tuns stellt, hatte derartige Überlegungen eigentlich nicht nötig, denn die eigene Einschätzung ihrer Arbeit entsprach keineswegs den Ergebnissen des zwar schwierigen, doch letztlich erfolgreichen „Bretterbohrens" während ihrer ersten Zeit im Maximilianeum (Bayerischer Landtag). Ihre Resignation bezog sich auch weniger auf das Erreichte als auf die Umstände, unter denen es erfochten wurde: auf den jahrelangen zähen Kampf gegen die traditionalistischen und konfessionalistischen Kräfte im Bayerischen Landtag und auf die Auseinandersetzungen der progressiv-liberalen Politikerin gegen die sich in den fünfziger und sechziger Jahren verstärkenden national-konservativen Kräfte in der bayerischen FDP. Hinzu trat, alles entscheidend, eine grundsätzliche Enttäuschung über die politische Entwicklung der Bundesrepublik in diesen Jahrzehnten.

Zog Hildegard Hamm-Brücher in diesen Jahren Bilanz, so entdeckte sie vor allem eine tiefe Kluft zwischen ihren politischen Hoffnungen in den Anfangsjahren der Bundesrepublik und der politischen Realität in den fünfziger und sechziger Jahren.

„Als ich im Frühjahr 1948 zum ersten Mal auf der Liste der Freien Demokratischen Partei für den Münchner Stadtrat kandidierte," schreibt sie, „zählte ich zu der dezimierten Generation der Zwanzigjährigen, die nach Freiheit hungerten – nach der Freiheit des Denkens und der Gedanken! Die totale Unfreiheit, die Deutschland geistig und moralisch vernichtet hatte, wog für uns schwerer als die militärische Katastrophe. Deshalb engagierten wir uns für FREIHEIT – in der Politik oder in der Publizistik, in der Kirche oder in der Wirtschaft …

Aber wir waren zu wenige. Die Veteranen von Weimar – meist politisch mehr oder weniger angeknackst – prägten Staat und Gesellschaft der Nachkriegszeit, und so konnte es geschehen, daß sie zu einer Nach-Weimar und nicht zu einer Nach-Hitler-Zeit wurde. Nach-Weimar-Zeit, das bedeutete Formaldemokratie, aufgepfropft auf unverändert obrigkeitsstaatlichen Ordnungsprinzipien, das hieß Restauration und ja ‚keine Experimente'.

Nach-Hitler-Zeit, das hätte Befreiung von den tausendfachen obrigkeitsstaatlichen Fesseln bedeutet, eine politische Bewußtseinsbildung für die unerläßliche ‚Verfassung der Freiheit' und das ‚Wagnis des Wandels', schon damals konkret und konsequent." [20]

Daß aus der Bundesrepublik in den fünfziger und sechziger Jahren ein wirtschaftlich starkes, allgemein geachtetes Land geworden ist, empfindet Hildegard Hamm-Brücher als nicht ausreichend. Nach tiefstem Fall hätte nicht nur die wirtschaftliche, sondern vor allem die geistig-moralische Erneuerung stehen müssen.

Auf den nicht erfolgten geistig-moralischen Wandel führt sie viele Fehlentwicklungen in der Bundesrepublik, vor allem auch in der Bildungspolitik, zurück. Dieser Gedanke ließ sie nie ruhen; meist war und ist er der Ansporn zu ihrem politischen Tun.

In der Bundesrepublik steht Hildegard Hamm-Brüchers Name vor allem für fortschrittliche, liberale Bildungspolitik. Alle beruflichen Stationen ihres Lebens – angefangen mit der Berichterstattung zu Bildungsfragen für die „Neue Zeitung" (1945–1949), ihre Stadtratstätigkeit (1948–1954) und ihre Landtagsabgeordnetenzeiten (1950–1966 und 1970–1976) in München, ihre Arbeit als Staatssekretärin im Hessischen Kultusministerium (1967–1969) in Wiesbaden, ihre Zeit in Bonn als Staatssekretärin im „Bundesministerium für Bildung und Wissenschaft" (1969–1972) und als Staatsministerin im Auswärtigen Amt (1977–1982), in dem sie für Auswärtige Kulturpolitik verantwortlich war – gehören in diesen Bereich. Auch hat sie in vielen Jahrzehnten ihre Positionen zu einer zeitgemäßen Bildungspolitik grundlegend in Büchern, Zeitungsartikeln und Vorträgen festgelegt. Genannt seien hier nur die bekanntesten ihrer Werke: „Auf Kosten unserer Kinder" (1965), „Aufbruch in das Jahr 2000" (1967), „Bildung ist kein Luxus" (1976), „Der Politiker und sein Gewissen" (1983), „Kämpfen für eine demokratische Kultur" (1986).

Als Landtagsabgeordnete hatte sie von 1950 bis 1966, erstmals unmittelbar verantwortlich, die Bildungspolitik in einem Parlament mitzubestimmen. Oft war sie dort das Salz in der Suppe. Das einer selbstsicher auftretenden Frau meist wie ein Orden verliehene Attribut, sie sei „der einzige Mann …" hier „im Bayerischen Landtag" wurde auch ihr angeheftet. Die Floskel ist nicht nur an sich dümmlich, denn weshalb sollte es ein Vorzug sein, als „einziger Mann ..." zu gelten, hier war sie ganz unzutreffend. Wer Hildegard Hamm-Brüchers Parlamentsarbeit beobachten konnte, hat sie stets als eine in der Sache feste, gelegentlich witzige, oftmals auch emotional bewegte Rednerin erlebt, die immer so auftrat, wie sie war: ein in seinen Grundsätzen sicherer Mensch, der einen hohen moralischen Anspruch vor allem an sich selbst stellt und hofft, andere – gelegentlich mit einem Schuß missionarischen Eifers – von der Richtigkeit seiner Ideen zu überzeugen. Dabei blieb sie im Auftritt und in der Diktion ganz Frau.

Hildegard Hamm-Brücher sieht, wie anfangs bereits gesagt, ihren politischen Auftrag darin, in der Bundesrepublik die Diskrepanz zwischen einer vorbildlich demokratischen Staatsform und einer noch immer ständisch-obrigkeitsstaatlichen Gesellschaftsstruktur zu überwinden und ein freies und tapferes Menschentum endlich zur täglichen Erfahrung zu machen. Voraussetzung hierfür ist, wie es schon Theodor Heuss forderte, daß sich die Demokratie als Lebensform durchsetzt. Deshalb lautet ihr bildungspolitisches Credo: „Das Bezugssystem aller bildungspolitischen Überlegungen ist die Staatsform, in der wir leben, und die Gesellschaftsform, in der wir zu leben wünschen. Wir leben in einer Demokratie und ihre Institutionen garantieren uns Freiheit und Recht. Wir wissen aber, daß dies allein nicht genügt, um Demokratie lebendig, glaubwürdig und widerstandsfähig zu machen. Dazu müssen wir in der Demokratie demokratisch leben. ... Demokratie kann man – wie jede andere Staatsform – installieren. Verfassungen kann man beschließen. Demokratisch leben aber muß man lernen. Lernen von früh auf und lebenslang ... Demokratisch zu leben, ist die Existenzfrage der Demokratie ... Was wir brauchen, ist eine umfassende bildungspolitische Konzeption von der Vorschulerziehung bis zur Weiterbildung, die unsere Kinder – besser als uns – befähigt, in einer Demokratie demokratisch zu leben ... Dieses demokratische Bildungswesen – ich möchte es am Bild eines Baumes deutlich machen – wurzelt in der Vorschulerziehung, bildet einen starken einheitlichen Stamm im Bereich der Schule, weitet sich zu Ästen im Bereich der Hochschule und verzweigt sich vielfältig in den Bereichen der Weiterbildung ... Ein demokratisches Bildungssystem darf keine starre Konstruktion isolierter Säulen mit vorgegebenen Normen und Anforderungen sein, es besteht auch nicht aus mehreren unterschiedlich wertvollen und unterschiedlich gedüngten und gepflegten Bäumen – dieses System ist ein lebendiger Organismus, der in der Gesellschaft wurzelt, aus ihr herauswächst, sich ständig erneuert, verändert und wiederum in sie hineinwächst."[21]

Löst man dieses Bild auf, ergibt sich der Hinweis, daß man zum Demokraten durch ein Bildungssystem erzogen wird, das von der Gleichwertigkeit der menschlichen Begabungen ausgeht und sich als offen, wandlungsfähig und leistungswillig erweist. Es dient dazu, die individuellen Fähigkeiten des einzelnen zu entfalten und diese zum Wohle der Gesamtheit zu nutzen. Dabei soll das „Bürgerrecht auf Bildung" allen zukommen und von der Vorschulerziehung des Kindes bis zum lebenslangen Lernen des Erwachsenen wirksam werden.

Konkret auf Schul- und Hochschulbereich bezogen, bedeutet dies chancengleich für alle: Vorschulerziehung, offene Gesamtschule: darin sechsjährige Erprobungsstufe mit anschließender Differenzierung in berufsbildende und wissenschaftliche Schulzweige, offene Übergänge zwischen den als gleichwertig geltenden Bildungsgängen und differenzierte Abschlüsse, die flexible Übergänge in die Ausbildungs- und Hochschulbereiche bis zur Weiterbildung ermöglichen.

Die Grundvoraussetzung für Schul-, Hochschul- und Weiterbildung ist für Hildegard Hamm-Brücher die Chancengleichheit. Ralf Dahrendorf hat diesen Begriff einmal sinngemäß folgendermaßen definiert: Keine systematische Bevorzugung oder Benachteiligung bestimmter Gruppen auf Grund leistungsfremder Merkmale wie Herkunft oder

(Interfoto–Friedrich Rauch)

Hildegard Hamm-Brücher mit ihren Kindern Verena und Florian.
Mitte der sechziger Jahre.

wirtschaftliche Lage, beziehungsweise die Verpflichtung
des Staates, die Chancenungleichheit ohne Nivellierung im
Leistungsbereich aufzufangen. Hildegard Hamm-Brücher
formulierte griffiger, als sie 1966 in einer Landtagsdebatte
sagte, daß für sie Chancengleichheit erst dann vollzogen
sei, „wenn auch die dummen Kinder der reichen Eltern auf
der Volksschule verblieben" [22]. Von dieser Grundlage liberaler Bildungsvoraussetzung ausgehend, ist es das Ziel der Erziehung, den Menschen zu befähigen, meint sie, sich selbst
zu bestimmen und in einer demokratischen Gesellschaft demokratisch zu handeln. Dies verlange, daß der einzelne
sich selbständig Ziele setzt, sich verantwortlich fühlt, seine
grundsätzlichen Rechte erkennt und wahrnimmt, aber auch
die Freiheit des anderen respektiert, Pflichten übernimmt
und zur Mitbestimmung und Mitverantwortung nicht nur

in staatlichen Institutionen, sondern in allen gesellschaftlichen Bereichen fähig wird.

Was Hildegard Hamm-Brücher zur Durchsetzung solch liberaler Bildungsvorstellungen während ihrer Zeit als bayerische Landtagsabgeordnete beitrug, läßt sich nur würdigen, wenn man den zeitgeschichtlichen Hintergrund mitbedenkt, vor dem sie ihre Forderungen formulierte. Als sie 1950 im Maximilianeum tätig wurde, amtierte dort unter Ministerpräsident Ehard (CSU) Kultusminister Dr. Schwalber (CSU).

Er hatte gerade den erzkonservativen Dr. Alois Hundhammer (CSU) (1946–1950) abgelöst, der von missionarischem Eifer erfüllt, in der Bildungspolitik seine Vorstellungen von christlich-abendländischer Erziehung durchzusetzen versuchte.

In Hundhammers Amtszeit hatten sich alle restaurativen Kräfte in der bayerischen kulturpolitischen Szene formiert. Sie hatten den Bildungsvorstellungen der Alliierten – hier der Amerikaner – erfolgreich widerstanden, die in ihren Zonen in der unmittelbaren Nachkriegszeit die Überreste der Institutionen des Nationalsozialismus zu beseitigen und durch Modelle zu ersetzen suchten, die ihren eigenen Idealen nachempfunden waren.

Damals verbanden sich in Bayern Traditionalisten und Konfessionalisten zu einer Fronde gegenüber diesen Neuerungen. Über die Konfessionalisten urteilt Hildegard Hamm-Brücher: „So aufrichtig alle kirchlichen und religiösen Motive zur Umkehr und Besinnung nach der Zeit nationalsozialistischen Grauens zu achten und zu bekräftigen sind, so wenig darf verschwiegen werden, daß diese Motive schon sehr bald nach Kriegsende den Beigeschmack weltlichen Machtstrebens, der Intoleranz, des politischen Kalküls und der geistigen Unfreiheit annahmen." [23]

In dieser unmittelbaren Nachkriegszeit begann nicht nur in Bayern die Restauration des deutschen Schulwesens. Statt zu überlegen, was die deutsche Schulbildung in der Vergangenheit, im Kaiserreich und der Weimarer Republik, dazu beigetragen hatte, ein Drittes Reich zu ermöglichen, versuchte man im westlichen Deutschland in diesen Jahren Bildungsvorstellungen der als bildungspolitisch „heil" empfundenen Weimarer Republik und noch weiter zurückliegende, die vor dem Ersten Weltkrieg Geltung hatten, neu zu beleben.

Für die verantwortlichen Bildungspolitiker jener Tage war, so muß man rückblickend schließen, Adolf Hitler allem Anschein nach nur ein Betriebsunfall der Geschichte. Tiefer ansetzende Überlegungen nach der Mitverantwortung des traditionell und auch in der Weimarer Republik noch überwiegend autoritären deutschen Schulsystems und der nationaldeutschen Bildungsideen fanden kein Forum. Diese mangelnde Einsicht wurde zur Grundvoraussetzung aller weiteren Fehlentwicklungen bis hin zu den Studentenunruhen 1968, urteilt Hildegard Hamm-Brücher.

Dabei hätte die Umsetzung der Direktive 54 der Alliierten Kontrollratskommission vom Januar 1947, die von modernen psychologischen und soziologischen Erkenntnissen ausging, bereits zur Demokratisierung des deutschen Schulwesens beitragen können. Folgende Reformen wurden dort vorgeschlagen: „Gleiche Bildungschancen, Schulgeld- und Lernmittelfreiheit, ein zusätzliches neuntes Schuljahr, Bildungsberatungsstellen, Erziehung zur Völkerverständigung, Schulgesundheitsdienste. Fachausbildung für alle Lehrer, nicht nur für solche an weiterführenden Schulen. Änderung des Lehrplans mit dem Schwerpunkt Staatsbürgerkunde, die auf die Verantwortung des Staatsbürgers und das Leben in einer demokratischen Gesellschaft vorbereiten sollte. Außerdem wurde die Überwindung des dreigeteilten Schulsystems zu Gunsten der Gesamtschule empfohlen, ebenso die Einführung einer sechsjährigen Grundschulzeit und allgemein größere Durchlässigkeit innerhalb der einzelnen Schultypen." [24]

Doch 1947 verhinderten noch alle elf Verantwortlichen in den Kultusministerien der Länder dieses Konzept der Besatzungsmächte.

Nachdem am 23. Mai 1949 das Grundgesetz in Kraft getreten war, endete offiziell der Einfluß der Alliierten auf die deutsche Bildungspolitik. Die elf Bundesländer erhielten, bis auf einige allgemein gehaltenen Bestimmungen im Grundgesetz, eigene Gesetzeskompetenzen. Der sofort einsetzende Kulturföderalismus erstrebte in allen elf Bundesländern – vor allem in von der CDU regierten und in Bayern – die Konsolidierung der bereits errichteten Nachkriegsschulsysteme. Von nun an richtete sich alle Aufmerksamkeit auf die Beseitigung der materiellen Nöte und auf die Tabuisierung der Idee des christlichen Humanismus als einzig wahrer Erziehungsmaxime.

In Bayern verteidigten unter der Ägide Hundhammers die Traditionalisten und Konfessionalisten in Erziehung und Ausbildung autoritäre, veraltete Ordnungsprinzipien, strenge konfessionelle Trennung, das die Klassengesellschaft fördernde dreigeteilte starre Schulsystem (Volks-, Mittel- und Höhere Schule) und verhinderten damit die Erziehung zu demokratischem Verhalten, die Annäherung der christlichen Konfessionen, die Chancengleichheit und alles in allem eine Ausbildung, die den Anforderungen des Jahres 2000 entsprochen hätte und überall sonst in der westlichen Welt längst praktiziert wurde.

Statt dessen konfessionalisierte der Kultusminister das Volksschulwesen: in der Normengebung, in der Wiedereinführung der Bekenntnisschule als Regelschule (und damit der christlichen Gemeinschaftsschule als Antragsschule) und in dem konsequenten Bestreben, die Lehrerbildung streng getrennt nach Konfessionen durchzuführen.

Die konfessionell getrennte Zwergschule, das Leistungsgefälle zwischen ländlichen und städtischen Schulen, die Chancenungleichheit zwischen Stadt- und Landjugend – es sei an die berühmte „katholische Arbeitertochter auf dem Lande" erinnert, der man damals keine Bildungschance zusprach – wurden festgeschrieben.

„Machtpolitisch motivierter Konfessionalismus und Traditionalismus, anders ausgedrückt: die Angst um den Verlust des am zuverlässigsten manipulierbaren ländlichen Wählerreservoirs, das waren die wahren Gründe für den jahrzehntelangen Widerstand gegen überfällige Reformen"[25], schreibt Hildegard Hamm-Brücher.

Die liberale Hildegard Brücher, zu Beginn ihrer Landtagstätigkeit neunundzwanzig Jahre alt und gerade aus der freien Luft Harvards zurückgekehrt, war fest entschlossen, gegen das Erbe Hundhammers anzugehen, und in den Bayerischen Landtag Grundbegriffe liberalen Denkens wie Freiheit, Selbstbestimmung und Rationalität einzubringen. Es begannen die Jahre, von denen sie sagt, daß sie eigentlich immer in Kontroversen verwickelt gewesen sei.

Seither gilt sie als „streitbar". „Streitbar" – weil sie nicht schweigt, wenn sie sich von ihrem Gewissen dazu aufgefordert fühlt, gegen Lüge, Intoleranz, Feigheit, Ungerechtigkeit und Unmenschlichkeit anzugehen.

In diesen sechzehn Jahren hat Hildegard Hamm-Brücher, seit Mitte der fünfziger Jahre Vorsitzende des FDP-Landesausschusses für Kulturpolitik und ab 1954 stellvertretende Fraktionsvorsitzende, unter anderem dreizehnmal die Antwort ihrer Partei auf den Kultusetat des jeweiligen bayerischen Kultusministers – Dr. Schwalber (CSU) 1950–1954; Professor Rucker (parteilos) 1954–1957; Professor Maunz (CSU) 1957–1964; Dr. Huber (CSU) 1964–1966 – abgegeben. In diesen Reden wird die speziell bayerische Schulmisere – ihre materielle und ideelle „Fehlbestandsaufnahme" – klar ausgesprochen. Die von Hildegard Hamm-Brücher angeprangerten „materiellen" Mängel lassen sich oft auf „ideelle" zurückführen. Sie machen aber auch noch einmal deutlich, welche Hürden – nicht nur in Bayern – in dieser Zeit zu nehmen waren.

In ihnen erfährt man von Schichtunterricht, überfüllten Klassen, fehlenden Turnhallen; von unzureichender Ausstattung mit Lehrmitteln und Lehrbüchern; von Lehrermangel, geringen Aufstiegschancen für Lehrerinnen und unzureichender Besoldung der Junglehrer; von den schlechten Bildungschancen der Mädchen; von der überproportional guten Bezuschussung konfessioneller Privatschulen und der unzureichenden der gemeindlichen Schulen, und, da nicht alles aufgeführt werden kann, sei aus ihrer Etatrede von 1963 zitiert, „Landschulreform: Fehlanzeige. Hochschulreform: Fehlanzeige. Bildungspolitische Planung: Fehlanzeige. Neuntes Schuljahr: Fehlanzeige. Bekämpfung des Lehrermangels: Völlig ungenügend. Begabtenförderung: Völlig ungenügend. Sonderschulwesen: Ungenügend. Ausbau der weiterführenden Schulen: Völlig ungenügend." [26]

Alle diese Mängel, erinnert sie sich, wurden in einer Epoche angeprangert, in der jede ernsthafte Diskussion um das Bildungswesen in Bayern mit den allseits applaudierten Parolen, „die Schule braucht Ruhe", „die Universität ist in ihrem Kern gesund", und „keine Experimente", abgeschnitten wurde und das Klima der bildungspolitischen Auseinandersetzungen so verhetzt war, daß man jeden selbständig und fortschrittlich denkenden Kulturpolitiker als unchristlich, kirchenfeindlich oder kommunistisch abstempelte.

An zwei Beispielen des „Bretterbohrens", an dem teilweise erfolglosen, die Lehrerbildung zu entkonfessionalisieren, und dem beim zweiten Anlauf erfolgreichen, die Konfessionsschule als Regelschule abzuschaffen, und den sich damit verquickenden politischen Auseinandersetzungen sei hier noch einmal genauer die Landtagsarbeit Hildegard Hamm-Brüchers dargestellt.

Die bayerische Lehrerausbildung erfolgte bis 1958 ohne vom Parlament abgesicherte Gesetze und nach Regelungen des Kultusministeriums. Hildegard Hamm-Brücher kennzeichnet diesen Zustand, indem sie schreibt: „... unsere Lehrer werden zwar irgendwie, irgendwo, irgendwielang ausgebildet, aber es geschieht ohne ein gültiges ordnungsgemäß verabschiedetes Gesetz, ohne Parlamentsbeschluß, ohne öffentliche Meinung – es geschieht fast wie in einer Diktatur: in einer Bürokratur." [27]

Dieses gesetzlose Provisorium war 1950 entstanden, weil sich die Koalitionspartner CSU und SPD nicht über diese als „heißes Eisen" geltende Frage einigen konnten. Von der CSU aus gesehen sollte die Lehrerbildung nichts anderes sein, als die Ausführung des Schulorganisationsgesetzes, das im § 135 der Bayerischen Landesverfassung vom 2. 12. 1946 wie folgt festgelegt war:

„1) Die öffentlichen Volksschulen sind Bekenntnis- und Gemeinschaftsschulen. Die Wahl der Schulart steht dem Erziehungsberechtigten frei. Gemeinschaftsschulen sind jedoch nur an Orten mit bekenntnismäßig gemischter Bevölkerung auf Antrag der Erziehungsberechtigten zu errichten.

2) An den Bekenntnisschulen werden nur solche Lehrer verwendet, die geeignet und bereit sind, die Schüler nach den Grundsätzen des betreffenden Bekenntnisses zu unterrichten und zu erziehen." [28]

Damit war klar, daß es nur eine streng konfessionell getrennte Lehrerbildung in Bayern geben konnte.

In Absprache mit den Bayerischen Lehrerverbänden legte 1952 die FDP dem Parlament und der Öffentlichkeit den folgenden Gesetzesentwurf zur Neuregelung der Lehrerbildung vor:

1) Die Hochschulreife (Abitur) ist Voraussetzung für die Lehrerausbildung.
2) Die Ausbildung erfolgt an wissenschaftlichen Hochschulen (keinen konfessionellen Sonderhochschulen) und dauert sechs Semester.
3) Die theoretische Ausbildung erfolgt in Vorlesungen und Übungen, die beruflich-praktische an einer angegliederten Volksschule. Ferner haben die Studierenden während der Ferien ein sechswöchiges Praktikum abzulegen.
4) Zusätzliche Einrichtungen (Lehraufträge) sorgen für die Erfüllung der einschlägigen Bestimmungen der Verträge mit der katholischen und evangelischen Kirche." [29]

Die FDP und mit ihr Hildegard Hamm-Brücher ging es darum, die Lehrerausbildung zu akademisieren, zu demokratisieren und auf das Gemeinsame, nicht das Trennende der Konfessionen hin auszurichten. Geschichte, Literatur, Kunst, Musik, ja auch Sport sollten nicht in evangelische und katholische Bestandteile aufgelöst werden.

Für zwei Legislaturperioden war der Streit um die Lehrerbildung – von 1954–1957 hatte sich die Viererkoalition aus SPD/FDP/BHE und Bayernpartei erfolglos mit diesem Problem befaßt – das kulturpolitisch beherrschende Thema. Unter der Koalitionsregierung von CSU/FDP/ BHE trieb Kultusminister Maunz (CSU) 1958 in Eile und mit der Zustimmung aller Parteien, auch der SPD, ein Lehrerbildungsgesetz voran, das formal alle zufriedenstellte, letztlich aber doppelzüngig war und die Nichtakademisierung und Konfessionalisierung beibehielt, ja verstärkte. Als einzige im Bayerischen Landtag widersetzte sich Hildegard Hamm-Brücher der Verabschiedung dieses Gesetzes, brachte sie ihre Einwände zu Protokoll.

Sie hatte erkannt, daß es sinnlos war, Pädagogische Hochschulen in Universitäten einzugliedern, die räumlich Hunderte von Kilometern voneinander getrennt lagen, also den Studierenden nicht die Möglichkeit boten, von der „Freiheit in Forschung und Lehre" Gebrauch zu machen; sie hatte durchschaut, daß hinter den vielfach unscharf formulierten Passagen wie „konfessioneller Charakter" der Lehranstalten oder „konfessionelle Pflichtvorlesungen" in Wirklichkeit der Entschluß des Kultusministers Maunz stand, die Konfessionalisierung auf „kaltem Wege" durchzusetzen. Zum ersten Mal opponierte Hildegard Hamm-Brücher auch ganz augenfällig gegen die eigene Partei. Sie legte ihr Amt als Stellvertretende Fraktionsvorsitzende nieder. Diese entschiedene Stellungnahme und ihre als linksliberal empfundene Linie führte sie Anfang der sechziger Jahre in eine harte Auseinandersetzung mit ihrer Partei.

„Schon Mitte der fünfziger Jahre," schreibt sie, „hatte die bayerische FDP aufgehört, der Versuchung zu widerstehen, sich politisch nach ‚rechts' auszuweiten. Die Folge war, daß Mitläufer, Unbelehrbare und kaum getarnte Anhänger nationalsozialistischer Ideen Einfluß auf den Kurs der Partei zu nehmen versuchten, indem sie nach und nach ‚Schlüssel-positionen' vor allem in der Münchner und in der oberbayerischen FDP besetzten. Damit gewannen sie Einfluß auf die Auswahl der Delegierten und Kandidaten der Partei. Seit 1958 warnte ich bei jeder Gelegenheit vor dieser Entwicklung. Vergeblich."[30]

Als es bei der Vorbereitung zur bayerischen Landtagswahl von 1962 darum ging, die Kandidatenliste aufzustellen, kam es zum Eklat. In einer manipulierten Delegiertenversammlung in Starnberg setzte man die beiden einzigen FDP-Abgeordneten aus Oberbayern, Hildegard Hamm-Brücher und Otto Bezold, auf die aussichtslosen Plätze 18 und 12 der Landesliste. Diese Plazierung stellte eine Absage an den „liberalistischen Linkskurs" nach 1946 dar. Dem damaligen Geschäftsführer der FDP München – Oberbayern und ihm nahestehender Kreise schien der erste Schritt auf dem Wege, aus der bayerischen FDP eine rechtsstehende Sammlungspartei zu machen, gelungen. Weder für Hildegard Hamm-Brücher noch für Otto Bezold, Fraktionsvorsitzender und ehemaliger Minister, schien ein Wiedereinzug ins Parlament möglich.

Der Starnberger Aufstand wurde bundesweit bekannt und schlug überall Wellen. Das Parteigericht trat in Aktion. Der Geschäftsführer, dem man Wahlmanipulation und Mitgliedermanipulation nachweisen konnte, wurde seines Amtes enthoben. Hildegard Hamm-Brücher überstand zwei Verfahren wegen parteischädigenden Verhaltens – sie hatte ihren berechtigten Zorn vehement zum Ausdruck gebracht. Gegen Thomas Dehler, der in einem Aufsatz mit dem Titel „Liebe für Hildegard" entschieden gegen den Rechtskurs der Partei Stellung bezogen hatte, leitete man ein Verfahren ein. Schließlich wurde die Kandidatenaufstellung wiederholt. Otto Bezold erhielt jetzt Platz 2 auf der Landesliste, Hildegard Hamm-Brücher jedoch nur Platz 17. –

Nun blieb ihr kein anderer Weg, als die Möglichkeit des Bayerischen Wahlgesetzes zu versuchen, das erlaubt, mit der Zweitstimme einen Kandidaten der Wahl auf der Parteiliste anzukreuzen und diesem durch „Vorhäufeln" zu einem Parlamentssitz zu verhelfen.

Münchner Liberale gründeten ein „Überparteiliches Bürgerkomitee zur Wiederwahl von Hildegard Hamm-Brücher". FDP-Angehörige, aber auch viele Bürger, denen die couragierte Landtagsabgeordnete in den vergangenen Jahren aus der Seele gesprochen hatte, fanden sich zusammen. Zahlreiche bekannte Persönlichkeiten des Öffentlichen Lebens der Stadt, aber auch der gesamten Bundesrepublik sprachen sich für Hildegard Hamm-Brücher und damit für ihre politische Linie aus. Altbundespräsident Theodor Heuss schrieb: „... Meine Stellungnahme beruht auf der Wertschätzung von Frau Dr. Hamm-Brücher, ihrer inneren Freiheit und Unabhängigkeit, ihrer Sachkunde und Hilfswilligkeit. Es darf nicht vergessen werden, was ein paar Menschen – ich denke dabei auch an Otto Bezold – nach 1945 auf sich genommen haben, um dem demokratisch-freiheitlichen Gedanken in diesem seelisch zerstörten Volk wieder eine Chance zu geben. Der Undank darf nicht die Gesinnungsform der Deutschen werden. Alle persönlichen Begegnungen mit Frau Dr. Hamm-Brücher haben bei mir den Eindruck einer Frau hinterlassen, die ihren öffentlichen Pflichten mit innerer Freiheit zu genügen bemüht blieb und ihr zu genügen verstand."[31]

Das Wahlergebnis war sensationell. Hildegard Hamm-Brücher wurde vom hoffnungslosen 17. Platz dank 44 500 persönlicher Stimmen „vorgehäufelt" und überholte den angeblich so „zugkräftigen" Listenführer um mehr als das Doppelte. Sie erreichte Platz 1 der FDP-Liste. Intern zog die Partei allerdings keine Konsequenzen.

Was sich später wiederholte, wurde hier zum ersten Mal deutlich sichtbar: Hildegard Hamm-Brücher ist sehr viel öfter die Kandidatin freier Bürger als die Funktionärin ihrer Partei.

In die Legislaturperiode 1962–1966 fiel ein weiteres politisches Ereignis, auf das hingewiesen werden muß: der Fall des Kultusministers Maunz.

Am 11. 6. 1964 wurde in der „Neuen juristischen Wochenschrift" offengelegt, daß der amtierende bayerische Kultusminister Professor Maunz als Strafrechtler an der Pervertierung des Rechts im Dritten Reich mitgewirkt hatte. Er hatte beispielsweise juristische Begründungen zur Ausschaltung von Juden, zur Rechtfertigung von Schutzhaft und Polizeieingriffen gegen Verweigerer der Eintopfspende verfaßt.

Hildegard Hamm-Brücher schrieb in ihrem Brief vom 28. 6. 1964 an den damaligen Ministerpräsidenten Alfons Goppel (CSU) unter anderem: „Während bisher zur Verteidigung von Herrn Professor Maunz immer vorgebracht wurde, er habe lediglich geltendes Recht gelehrt, wird nun in einer angesehenen juristischen Fachzeitschrift bewiesen, daß er nicht passiv, sondern im Gegenteil höchst aktiv und direkt schöpferisch an der Pervertierung des Rechts im Dritten Reich mitgewirkt hat, was man u. a. in seinem im Juni 1934 geschriebenen Vorwort zu seinem Lehrbuch ‚Neue Grundlagen des Verwaltungsrechts' expressis verbis nachlesen kann. Dort heißt es: ‚Es kommt weniger darauf an, unangreifbare Ergebnisse zu liefern, als in dem Ringen um die Neugestaltung Waffen zu liefern.'

Genau diese Waffen sind es dann auch, die er bis zum bitteren Ende mit großem Fleiß produziert hat: von der Notwendigkeit der Ausschaltung der Juden, über die juristische Begründung und Rechtfertigung der Schutzhaft (KZs), bis zu den seiner Ansicht nach berechtigten Polizeieingriffen gegen Verweigerer der Eintopfessen-Spende und der Rechtfertigung des Verbots für Juden, öffentliche Einrichtungen wie Badeanstalten etc. zu betreten.

Wenn man die Schriften von Herrn Professor Maunz aus der Zeit des Dritten Reiches unter dem Aspekt der Verantwortung für die wissenschaftliche und juristische Legalisierung der Untaten und Unmenschlichkeiten dieses Regimes beurteilt, dann gibt es für mich persönlich keinen Zweifel, daß Herr Professor Maunz als Kultusminister nicht länger tragbar ist."[32]

Hildegard Hamm-Brücher ist es zu verdanken, daß nicht weiterhin ein geistiger Mittäter der Nazi-Zeit in einer führenden politischen Stellung des Freistaates Bayern tätig blieb. Maunz mußte zurücktreten.

Zu einem Erfolg führte das parlamentarische „Bretterbohren" dagegen im jahrelangen von mehr Tiefen als Höhen, von Diffamierung und Verleumdung begleiteten Kampf um die bayerische Landschulreform, der in letzter Konsequenz ein Kampf für die christliche Gemeinschaftsschule als Regelschule war. In dem bereits erwähnten § 135 der Bayerischen Verfassung von 1946 war die konfessionelle Volksschule als Regelschule festgeschrieben worden. Die Folge dieser Bestimmung war, daß sich auf dem Land Tausende ein- und zweiklassige Bekenntnisschulen auch dann noch entwickelten, als sich längst in den übrigen Bundesländern, auch in den von der CDU regierten, die Einsicht durchgesetzt hatte, daß Erziehung und Ausbildung in diesen Zwergschulen zu einer klaren Benachteiligung der Landjugend führte.

Jahrelang hat Hildegard Hamm-Brücher auf diese Fehlentwicklung hingewiesen und allen Angriffen standgehalten, die sie als einen der profiliertesten Störenfriede am bayerischen Schulhimmel brandmarkten. Der Kampf um vernünftig ausgestattete Mittelpunktschulen, in denen Katholiken und Protestanten gemeinsam im christlichen Geist erzogen würden, nahm in Bayern zeitweise groteske Formen an.

In der Endphase dieser Auseinandersetzung brachten 1965 sowohl die FDP als auch die SPD Entwürfe zu liberalen und fortschrittlichen Volksschulgesetzen ein. Aber die CSU verhinderte über ein Jahr die Diskussion dieser Gesetzesentwürfe und stellte gegen Ende der Legislaturperiode im Juni 1966 einen eigenen vor, den sie selbst als großen Fortschritt pries, der aber unter dem Zeitdruck der zu Ende gehenden Wahlperiode nicht mehr ausreichend diskutiert werden konnte. „In dieser Situation", vermerkte Hildegard Hamm-Brücher, „unternahm die FDP-Fraktion ihren letzten großen bildungspolitischen Anlauf: Sie beantragte eine Verfassungsänderung des Schulartikels, die von mir begründet und von der CSU schon in der ersten Lesung ohne Beratung abgelehnt wurde. Daraufhin leitete die FDP mit Erfolg die Antragstellung für ein Volksbegehren ein."[33] Das eigentliche Volksbegehren fand erst – nach der Wahlniederlage der FDP bei den Landtagswahlen 1966 – im Januar 1967 statt. Wiederum war Hildegard Hamm-Brücher wie schon bei ihrem Kampf um einen Parlamentssitz 1962 wochenlang mit dem Lautsprecherwagen unterwegs, suchte sie im unmittelbaren Gespräch mit dem Wähler, diesen von ihren liberalen Bildungsvorstellungen zu überzeugen. „Eine geschlagene, führerlose, geschwächte Partei, ohne finanzielle Mittel und Organisation", schreibt sie, „schaffte es trotz zahlloser nachgewiesener Unregelmäßigkeiten bei der Durchführung und ohne Unterstützung durch die SPD, um die ich ... gebeten hatte – statt der vorgeschriebenen 10 % –, immerhin auf 9,4 % der eingetragenen Wählerstimmen"[34], zu kommen.

Mit diesem sichtbaren Erfolg war ein für allemal das Eis gebrochen. Von nun an war es klar, daß es früher oder später zu einer Verfassungsänderung kommen mußte. Bereits am 17. 11. 1966 hatte die Bayerische Regierung eine Umorganisation der pädagogisch fragwürdigen Zwergschulen veranlaßt.

Am 7. 7. 1968 kam es schließlich zu einem Volksentscheid, der zu einer Neufassung des § 135 der Bayerischen Verfassung führte. Seither lautet der § 135 „Die öffentlichen Volksschulen sind gemeinsame Schulen für alle schulpflichtigen Kinder. In ihnen werden die Schüler nach den Grundsätzen der christlichen Bekenntnisse unterrichtet und erzogen. Das Nähere bestimmt das Volksschulgesetz."[35]

Die mühsame, sich in Vorwärts- und Rückwärtsschritten bewegende Auseinandersetzung um mehr Chancengleichheit für die Landjugend, um das Gemeinsame und nicht das Trennende einer christlichen Erziehung fand sein letztlich alle Parteien zufriedenstellendes Ende.

In einer ihrer letzten Wahlreden vor der Landtagswahl 1966 hatte Hildegard Hamm-Brücher im Bayerischen Rundfunk gesagt: „Ich bin Demokratin mit Leib und Seele, weil diese Staatsform die einzige ist, die bei all ihren Schwächen doch die Kräfte entfalten kann, um die innere und äußere Freiheit, das Glück und das Recht des einzelnen Menschen zu bewahren."[36]

Mit 58000 persönlichen Zweitstimmen honorierten damals die bayerischen Wähler ihren Einsatz. Für die bayerische FDP jedoch brachte diese Wahl eine entscheidende Niederlage: Sie mußte eine Legislaturperiode lang aus dem Maximilianeum ausziehen, statt ihrer zog die NPD ein.

Auf dem Weg zur bundesweit anerkannten Bildungspolitikerin

In den Jahren 1950–1966, in denen sich Hildegard Hamm-Brücher im Bayerischen Landtag für eine fortschrittliche Bildungspolitik einsetzte, veränderte sich in der Bundesrepublik, nicht zuletzt dank ihrer Initiativen, ganz allmählich die bildungspolitische Blickrichtung.

Ab Mitte der fünfziger Jahre wurde den an Bildungspolitik interessierten Kreisen bewußt, daß das deutsche Bildungssystem nicht den Anforderungen einer modernen Industriegesellschaft entsprach. Übereinstimmend prognostizierten vorausschauende Politiker aller Richtungen, daß die Bundesrepublik – in ihrem Lebensraum halbiert, nur unzureichend mit Rohstoffen versorgt –, deren wirtschaftliche Stärke auf ihrer Industrie beruhte, in naher Zukunft nicht mehr wettbewerbsfähig sein würde, wenn man nicht wie überall in der Welt das Bildungssystem modernisierte.

Vor den drängenden Notwendigkeiten: bundeseinheitliche Regelungen für die elfmal unterschiedlichen Schulsysteme, chancengerechtere Zugänge zu den Real- und höheren Schulen, größere Durchlässigkeit zwischen den streng getrennten Ausbildungssystemen (Volks-, Mittel- und höhere Schule), konsequenterer Bezug der Schulbildung auf die Anforderungen der Arbeitswelt verschloß man nicht mehr die Augen.

Länderübergreifend fand man sich in diesen Jahren im Bemühen um Verbesserungen zusammen. Seit 1948 existierte die „Ständige Konferenz der Kultusminister" (KMK), die seit dieser Zeit eine gemeinsame Meinungs- und Willensbildung bei Bildungsangelegenheiten von überregionaler Bedeutung anstrebte. 1953 trat, symptomatisch für dieses Bemühen und vom damaligen Bundespräsidenten Theodor Heuss initiiert, der „Deutsche Ausschuß für das Erziehungs- und Bildungswesen" hinzu, ein unabhängiges, meist aus Wissenschaftlern bestehendes Beratergremium, das den Bildungspolitikern und der KMK Entscheidungshilfe bei der Neugestaltung des deutschen Bildungswesens bot. In den folgenden Jahren, besonders aber nach 1959, sorgten die Reformvorschläge dieses Gremiums für rege Diskussionen in Fachkreisen und leiteten eine neue Epoche bildungspolitischer Auseinandersetzungen und Neuerungen ein. Erstmals nach dem Kriege gab es jetzt in allen elf Bundesländern Diskussionen über Schulfragen, die auch bis in die Öffentlichkeit drangen.

Zu dieser Zeit ließ die KMK eine Bedarfsfeststellung für das Bildungswesen anfertigen, die für die Jahre 1961–1970 ein außerordentliches Wachsen der Schülerzahlen und des gesamten Bildungswesens voraussagte. Von nun an wandten sich vor allem die beiden großen Parteien, SPD und CDU, viele Verbände, die Wissenschaft und auch die Öffentlichkeit den Fragen der Bildungspolitik zu.

In den meisten Bundesländern bemühte man sich, der im KMK Papier vorausgesagten Entwicklung Rechnung zu tragen und zeitgemäße Reformvorhaben voranzutreiben. Ohne eine Strukturänderung des deutschen Ausbildungssystems vorzunehmen, versuchte man die bereits bestehenden effizienter und sozial gerechter zu gestalten.

In der Praxis bedeutete dies unter anderem, daß man die Übergänge zwischen den drei grundlegenden Schulformen erleichterte, die Aufnahmeprüfungen an den Gymnasien allmählich abbaute und statt dessen Förderstufen oder Probejahre einrichtete, die ländlichen Schulsysteme ausbaute und Ausbildungsstätten des zweiten Bildungsweges verstärkt anbot. Bei allen diesen Bemühungen bildeten die Länder Bayern, Rheinland-Pfalz und Saarland meist die Schlußlichter.

Von den Kultusministern, die in ihren Ländern besonders reformfreudig und erfolgreich arbeiteten, seien genannt: der Berliner Schulsenator Professor Heinz Evers (SPD), der baden-württembergische Kultusminister Professor Wilhelm Hahn (CDU), der nordrhein-westfälische Kultusminister Professor Paul Mikat (CDU) und der hessische Kultusminister Professor Ernst Schütte (SPD).

Die FDP – entweder Koalitionspartner oder Opposition – bemühte sich in den Landesparlamenten generell um eine aufklärerisch liberale Haltung bei Bildungsfragen. Für sie galt in diesen Jahren noch immer, was Professor Paul Luchtenberg, Vorsitzender des Kulturpolitischen Bundesausschusses, auf dem Bundesparteitag 1950 thesenhaft formuliert hatte: „Toleranz und Evolution", „Fortschrittlichkeit auf kulturellem Gebiet", „Eintreten für die christliche Gemeinschaftsschule" und die Forderung nach einer „bundesstaatlichen Rahmenkompetenz für Kulturpolitik".

Im Bayerischen Landtag stritt unterdessen Hildegard Hamm-Brücher engagiert und erfolgreich für die Durchsetzung liberaler Bildungsvorstellungen bei Einzelfragen und ganz allgemein für eine freiheitliche, demokratische Bildungspolitik und damit für den Beitrag den diese zur Festigung der demokratischen Staats- und Lebensformen leisten sollte.

Den entscheidenden Anstoß zu einem bildungspolitisch neuen Abschnitt aber gab 1964 der evangelische Theologe und Altphilologe Professor Georg Picht mit seiner in der Wochenzeitung „Christ und Welt" veröffentlichten Artikelserie „Die deutsche Bildungskatastrophe". Hierin bezeichnete er die bildungspolitische Situation der Bundesrepublik als „Notstand", weil die Abiturientenquoten in der Bundesrepublik im Verlauf der vergangenen 15 Jahre nur geringfügig angestiegen waren und als unzureichend im Hinblick auf die industrielle Entwicklung angesehen werden mußten. Die mangelnde Effizienz des deutschen Bildungswesens wurde als mögliche Gefährdung des gerade erst wieder gewonnenen Wohlstandes angesehen. Die Wettbewerbsfähigkeit der deutschen Wirtschaft schien bereits gefährdet, die deutsche Industrie in naher Zukunft ihren ausländischen Konkurrenten unterlegen.

Was 1957 der Sputnik-Schock für die Bildungspolitik in Amerika war, wurde 1964 Georg Pichts Artikelserie für die der Bundesrepublik.

Nun wurde überall Aufbruchstimmung spürbar. Die aufrüttelnden Parolen dieser Jahre lauteten: Ausschöpfung der Begabungsreserven, Anhebung und Verbesserung der Schulbildung, Durchlässigkeit zwischen den bestehenden Schularten, Beseitigung des Lehrermangels, höhere Abiturientenquoten.

Eine außerordentliche Bildungswerbung setzte ein. Ihr Ziel war vor allem, die Gymnasiasten- und Abiturienten- und damit die Studentenquoten zu erhöhen. Ralf Dahrendorfs Forderung nach „Bildung als Bürgerrecht" unterstützte diese Bewegung, die in den nachfolgenden Jahren zu einer unvorhergesehenen Expansion des Bildungswesens führte.

Für viele Jahre rückten bildungspolitische Fragen in den Mittelpunkt des öffentlichen Interesses. Sie wurden oftmals zum alles beherrschenden Thema. Die die Zeit bewegenden bildungspolitischen Thesen stammten von Hellmut Becker, Ralf Dahrendorf und Friedrich Edding und Hartmut von Hentig, um nur die damals meistdiskutierten Autoren zu nennen.

Hildegard Hamm-Brücher, die seit ihrer Tätigkeit bei der „Neuen Zeitung" stets zu bildungspolitischen Themen publiziert hatte, schrieb sich in diesen Jahren mit ihren Beiträgen zu den offiziell in Bayern zugelassenen Lesebüchern (1962/63) und ihren Berichten über ihre „Bildungsreisen" in Ost und West (1964/1967) in die vorderste Reihe der deutschen Bildungspolitiker.

Nicht nur in Bayern, auch in den anderen Bundesländern wurde sie nun als kompetente Kulturpolitikerin erkannt und anerkannt.

Anfang der sechziger Jahre hatte sie bei den ersten Leseübungen ihres Sohnes Florian – sie war inzwischen Mutter eines Sohnes und einer Tochter geworden – festgestellt, daß sich Text und Geist der Lesebücher seit ihren eigenen Kindertagen offensichtlich nicht verändert hatten. Nicht nur, daß fast 70% der Lesebuchtexte in bäuerlich/kleinstädtischem Bereich spielten, nicht nur daß fast 80% aus vergangener Zeit berichteten oder ganz zeitlos gehalten waren, fast alle diese harmlosen, oft rührseligen und dümmlichen Geschichten spiegelten eine verlogene Welt wider.

Hatte sie bereits in der Legislaturperiode 1958–1962 im bayerischen Landtag ihr Unbehagen an den empfohlenen Schulbüchern zum Ausdruck gebracht und eine Überprüfung sämtlicher in Bayern für Volks-, Mittel- und höhere Schulen zugelassenen Lese-, Erdkunde- und Geschichtsbücher beantragt, so präzisierte sie nun in dem viel beachteten Artikel „Wie es im Schulbuch steht" ihr Unbehagen.

Wie bereits 1953 Professor Robert Minder von der Sorbonne in Paris, 1956 der Literarwissenschaftler Professor Walter Killy von der Freien Universität Berlin und wenig später der „Arbeitskreis Didaktik", Berlin, vermißte auch Hildegard Hamm-Brücher in den bundesdeutschen Schulbüchern vor allem den Bezug zur Wirklichkeit, d. h. die Schilderung der modernen Groß- und Mittelstadt, der Technik, des Verkehrs, der Berufswelten des Vaters und der Mutter, der kirchlichen, gemeindlichen und staatlichen Feste, der Freizeit, des Spiels, des Sports, der Fragen und Konflikte, die das Zusammenleben der Menschen bestimmen.

Statt dessen stand beispielsweise in einem in Bayern damals zugelassenen Lesebuch für die Klassen 5 und 6 noch folgender Vers:

> „Willst Du sein ein guter Christ,
> Bauer bleib auf deinem Mist,
> laß die andern „Freiheit" singen,
> Düngen geht vor allen Dingen."

Es war die falsche Blickrichtung, die Hildegard Hamm-Brücher störte. Lesebücher, die sowohl das geistige Leben eines Landes widerspiegeln als auch auf das zukünftige einwirken, hatten ihrer Meinung nach vor allem der Erziehung zum mündigen Bürger zu dienen, ohne daß sie deshalb aktuell politisiert sein müßten. Sie haben aber Wertvorstellungen zu vermitteln, die zu geistiger Selbständigkeit, Zivilcourage, Hilfsbereitschaft, Nächstenliebe anregen – also den Erziehungs- und Bildungsvorstellungen einer freiheitlichen, demokratischen Gesellschaft entsprechen.

1945 hatte man die Chance des Neubeginns nicht zu nutzen gewußt und Lesebücher nach Modellen der zwanziger Jahre hergestellt. Nun, Anfang der sechziger Jahre, war es ihrer Meinung nach höchste Zeit, eine Kurskorrektur vorzunehmen.

Das deutsche Lesebuch sollte nicht länger eine Idylle von Riesenausmaß sein, nicht das Berufs- und Freizeitverhalten der derzeit lebenden Bundesbürger negieren, nicht eine als konfliktfrei geschilderte Vergangenheit verherrlichen oder in billiger Weise Kritik an der eigenen Zeit üben, nicht zu Realitätsferne erziehen, nicht Krieg, Revolution, Chaos aussparen, nicht nur auf Gemütswerte, sondern auch auf intellektuelle Fähigkeiten wert legen, nicht pseudoidealistische Ideen vertreten, alles in allem also nicht „... unsere Kinder zu frommen, gehorsamen, fleißigen und in jeder Weise materiell, aber auch intellektuell genügsamen Untertanen erziehen ..."[37] Seit Hildegard Hamm-Brüchers Ausführungen zum deutschen Lesebuch die Öffentlichkeit erreicht hatten, verstummte die Kritik an den eingeführten Schulbüchern nicht mehr. Zahlreiche Untersuchungen beschäftigten sich mit generellen – und Einzelfragen. Verbesserungsvorschläge fanden überall offene Türen. Eine Reihe neuer, sinnvoller und der bundesdeutschen Wirklichkeit besser entsprechender Schulbücher trat von nun an die Stelle der alten.

Noch aufsehenerregender als Hildegard Hamm-Brüchers Kritik an den bundesdeutschen Schulbüchern wurde ihre in der Wochenzeitung „Die Zeit" 1964 bis 1967 veröffentlichte Artikelserie über bundesdeutsche und ausländische Bildungssysteme.

Sie berichtet hier von ihren „Bildungsreisen", die sie in die elf Bundesländer, in die europäischen Nachbarstaaten – Dänemark, Deutsche Demokratische Republik, England, Frankreich, Finnland, Norwegen, Polen, die Sowjetunion, Schweden – und die Vereinigten Staaten unternommen hatte.

Finanziell und publizistisch wurden diese Reisen vor allem von Verlag und Feuilleton-Redaktion der „Zeit", aber gelegentlich auch von der „Süddeutschen Zeitung" und dem „Deutschen Allgemeinen Sonntagsblatt" betreut.

Die Auslandsvertretungen der Bundesrepublik, der amerikanische, französische und sowjetische Botschafter in Bonn, zahlreiche in- und ausländische Institutionen, aber auch eine Reihe von Einzelpersonen trugen zum Gelingen bei.

In exakt recherchierten Berichten über den Ausbildungsstand und die Bildungsziele in West und Ost machte Hildegard Hamm-Brücher die deutsche Öffentlichkeit erstmals mit internationalen Tendenzen und Ergebnissen moderner Bildungspolitik bekannt. Abwägend, kritisch und distanziert stellte sie die europäischen und außereuropäischen Bildungsbestrebungen vor. Sie berichtete ebenso über das hochtechnisierte Klassenzimmer der Zukunft in den USA wie über den tadellosen, doch nach althergebrachter Methode erteilten Fremdsprachenunterricht in einer Kolchosschule in der Sowjetunion. Reichlich mit Zahlenmaterial versehen, sind diese Berichte eine einmalige Materialsammlung, in denen detailliert darüber Auskunft gegeben wird, was in diesen Jahren außerhalb der Bundesrepublik für Ausbildung und Bildung bereits getan worden war.

Die Serie hatte das Ziel, die bundesrepublikanischen Bürger auf die Versäumnisse aufmerksam zu machen, die den ersten zwanzig Jahren Bundesrepublik auf diesem Sektor anzulasten waren.

Hildegard Hamm-Brücher betonte damals und auch später immer wieder, daß der Blickwinkel bei ihren Betrachtungen immer der der Politikerin gewesen sei. „Meine Berichte sind insofern nicht fachmännisch," schrieb sie „als ich weder gelernter noch wissenschaftlich vorgebildeter

Pädagoge bin, vielmehr nichts als eine bekennende liberale und demokratische Politikerin, der es angesichts des raschen Wandels aller gesellschaftlichen, politischen, wissenschaftlichen und technischen Bedingungen um die Stabilität und Bewährung dieser Staats- und Lebensform in unserem Lande geht."[38]

Der Vergleich der Bildungssysteme in Ost und West mit dem der Bundesrepublik führte sie 1967 sinngemäß zu folgenden kritischen Anmerkungen:

– In der übrigen Welt, Ost und West, steht die innere Ordnung der Bildungssysteme im Einklang mit den jeweiligen politischen Grundüberzeugungen. Die Bildungspolitik befindet sich also auf festem, belastbaren Grund und kann daher mit Nüchternheit und Unbefangenheit betrieben werden. Deshalb wird sie zu einer unpathetischen und unparteilichen Gemeinschaftsaufgabe.

– In der Bundesrepublik wirkt sich der gesellschaftlich nicht vollzogene Wandel zur freiheitlichen Demokratie überall hemmend auf die Forderungen der modernen Bildungspolitik aus. Weltanschauliche Auseinandersetzungen belasten den allgemein als notwendig erachteten Fortschritt. Man kuriert an Symptomen und zögert, das festgefügte, traditionsreiche, vorwiegend auf obrigkeitsstaatlichen und ständischen Ordnungsvorstellungen basierende Bildungssystem umzustrukturieren. Nur radikales Umdenken, also die Identifikation des Bildungssystems mit der demokratischen Staatsform und den hinter ihr stehenden gesellschaftlichen Voraussetzungen könnten die deutschen Ausbildungsstätten aus ihrer Rückständigkeit herausführen.

In diesen Jahren hoffte Hildegard Hamm-Brücher mehr und mehr auf die Überzeugungskraft der Argumente, die die junge Wissenschaft „Bildungsforschung" zu diesen Problemen beisteuerte.

Was den Politikern aus allen Parteien nur schwer gelang, die Versachlichung der Auseinandersetzung, konnte vielleicht mit ihrer Hilfe gelingen.

Staatssekretärin im hessischen Kultusministerium in Wiesbaden

Frankfurter Rundschau vom 30. 12. 66

... Nun kommt aus Wiesbaden eine erstaunliche Kunde, die nicht nur eine der vor Personalentscheidungen üblichen Spekulation ist: die hessischen Sozialdemokraten bemühen sich, die prominente F. D. P.-Kulturpolitikerin Dr. Hildegard Hamm-Brücher für das Amt des Staatssekretärs zu gewinnen, die trotz eines persönlichen Wahlerfolges ihren Sitz im Bayerischen Landtag verloren hat. Wichtiger noch: Frau Hamm-Brücher hat nicht wie bisher bei ähnlichen Anforderungen, außerhalb Münchens tätig zu werden, sofort abgewinkt, weil familiäre Gründe dem entgegenstanden ... die Berufung von Frau Hamm-Brücher nach Wiesbaden ist ein Gewinn. Die bisherigen Schwierigkeiten im Kultusministerium beruhten darauf, daß der Minister auf den Gashebel, der Staatssekretär aber auf die Bremse trat. Künftig würden aber Minister und Staatssekretär an einem Strang ziehen. Die Kombination wäre aber auch deswegen reizvoll, weil Frau Hamm-Brücher, die von Beruf Chemikerin, also Naturwissenschaftlerin und als solche gewohnt ist, mit konkreten Daten zu operieren, ihre Analysen stets mit harten Zahlen untermauert hat. Sie könnte damit dem optimistischen Höhenflug des Geisteswissenschaftlers Schütte ein sicheres Fundament verschaffen ... So kann man nur nachdrücklich wünschen, daß der Plan Wirklichkeit wird ...

Dieser sich anbahnenden Entscheidung, waren mehrwöchige, schwierige Verhandlungen vorausgegangen.

Als im Herbst 1966 der hessische Kultusminister Professor Schütte (SPD) Hildegard Hamm-Brücher zu Hause anrief, um ihr das Amt der Staatssekretärin im hessischen

Kultusministerium in Wiesbaden anzubieten, stieß er bei der vorsichtig formulierten Anfrage zunächst auf Zaudern, wenn nicht gar auf Ablehnung.

Zwar wußte Hildegard Hamm-Brücher sofort, daß sich hier die einmalige Chance bot, ihre bildungspolitischen Ideen in die Tat umzusetzen, doch zögerte sie mit einer Zusage, einmal, weil sie sich vor den Fesseln und der Verantwortung der ungewohnten Regierungsarbeit scheute, und zum anderen, weil sie die Veränderung fürchtete, die sich für ihre Familie aus der Übernahme dieser Aufgabe fern vom Familienwohnsitz München ergeben mußte.

Seit Ende der fünfziger Jahre wohnte das Ehepaar Hamm-Brücher, mit seinen beiden Kindern, dem Sohn Florian (heute Pilot bei einer großen Fluggesellschaft) und der Tochter Verena (heute in einem therapeutischen Beruf tätig) in seinem Haus in der Gabriel-Max-Straße in Mün-

(dpa-Bild)

Hildegard Hamm-Brücher mit Ministerpräsident Zinn und Ursula Heuss bei der Eröffnung der Ausstellung „Theodor Heuss – der Mann, das Werk, die Zeit" in der Wandelhalle der Frankfurter Paulskirche am 23.4.1968.

chen-Harlaching. Der Beruf, richtiger die Lebensaufgabe Hildegard Hamm-Brüchers war bisher nie zu einem Streitobjekt in der Familie geworden.

Erwin Hamm hatte es nach seiner Heirat mit Hildegard Brücher als selbstverständlich angesehen, daß seine junge Frau ihre politischen Aufgaben weiterhin wahrnahm. Er hatte sie als streitbare Stadträtin kennengelernt, als engagierte Landtagsabgeordnete geheiratet und wußte, daß sich ihr die Entscheidung zwischen Beruf und Familie gar nicht stellte, sondern beides für sie notwendig war.

„Von Anfang an", sagt Hildegard Hamm-Brücher, „hat mich mein Mann immer unterstützt. Alle Familienaufgaben haben wir gemeinsam bewältigt. An der Erziehung unserer Kinder war er mindestens ebenso beteiligt wie ich, vielleicht sogar mehr!"

Ihrem im heutigen Sinn emanzipierten Mann verdankt es Hildegard Hamm-Brücher in erster Linie, daß sie sich ganz ihrer politischen Lebensaufgabe widmen konnte.

Feministinnen bemängeln an ihrer Einstellung zu Emanzipationsfragen oft die versöhnliche, auf Ausgleich und Partnerschaft mit dem Mann gerichtete Haltung. Aus den Erfahrungen Hildegard Hamm-Brüchers läßt sich aber kaum eine andere Einstellung gewinnen. Obwohl in ihrem politischen Kampf oftmals von chauvinistischem Machtstreben bedrängt, traf sie in ihrem Privat- und Berufsleben doch noch öfter auf Männer – man denke nur an die prägenden Begegnungen in ihrer Jugendzeit: an Heinrich Wieland, Theodor Heuss, Thomas Dehler, John McCloy, Waldemar von Knoeringen –, die sie verstanden, ihr halfen und sie förderten. Zufall oder Verdienst – mit Menschen hat Hildegard Hamm-Brücher zeit ihres Lebens viel Glück gehabt. Der Grund mag, neben großer persönlicher Ausstrahlung, die stets spürbare Ernsthaftigkeit ihres politischen Engagements sein, die die andern überzeugt und viele gern zu bereitwilligen Helfern werden läßt. So hielten ihr in ihrem Privatbereich jahrelang zwei Frauen – eine Kinderpflegerin, die sie nach deren Schulabschluß in die

Familie aufgenommen hatte, und eine Wirtschafterin, die auch heute noch dem Haushalt in München vorsteht, wenn Hildegard Hamm-Brücher in Bonn ist – den Rücken frei. „Nur dank der Hilfe dieser drei Menschen, meines Mannes und dieser beiden treuen Helferinnen", sagt sie, „konnte ich trotz Familie so engagiert tätig werden."

Dennoch bereitete 1966 die Übersiedlung nach Wiesbaden Kopfzerbrechen.

Auch wenn der Haushalt wohlversorgt war und es weder dem Ehemann noch den Kindern an Behaglichkeit fehlte, stellte sich die Frage, ob es vertretbar sei, daß sie nur noch zu verlängerten Wochenenden zu Hause sein würde.

War es vor allem Verena, der kaum achtjährigen Tochter, zuzumuten, nun nicht immer unmittelbar, sondern oft nur noch über das Telefon mit „Mammi" zu sprechen?

Die Hessen kamen ihr sehr entgegen, selbstverständlich sollte sie so früh wie eben möglich ins Wochenende fliegen können, selbstverständlich sollte es ihr gestattet werden, bei Krankheiten der Kinder auch einmal in München zu bleiben, selbstverständlich sollte sie, wenn nötig, einen Teil ihrer Arbeit zu Hause verrichten dürfen.

Und dennoch sagt Hildegard Hamm-Brücher, daß ihr die Entscheidung, nach Wiesbaden zu gehen, aus diesem Grund außerordentlich schwer gefallen sei. Das schlechte Gewissen habe ihr oft zu schaffen gemacht.

Dem Landesvater, Ministerpräsident Dr. Georg August Zinn, lag außerordentlich viel an der Mitarbeit dieser engagierten Kulturpolitikerin, deren bildungspolitische Ansichten ganz den seinen entsprachen. Neben der Gemeinsamkeit der Zielvorstellungen hatte dem Ministerpräsidenten die Kritik Hildegard Hamm-Brüchers an der hessischen Personalpolitik imponiert. In einem im ganzen lobenden Artikel über den Bildungsstand im Land Hessen hatte Hildegard Hamm-Brücher abschließend geschrieben:

Da Hessen seit eh und je eine Hochburg der SPD gewesen ist, nimmt es nicht wunder, daß vielversprechende junge, ältere und alte Leute, die im Lande vorankommen wollen, nicht gerade zur CDU gehen. So ist es nicht übertrieben zu sagen, daß es auch im Bereich der Kulturpolitik von „Genossen" nur so wimmelt. Natürlich ist das nichts Illegales (und in CDU-Ländern nicht minder üblich); oft gehörte auch der gleiche Mann – mit oder ohne Parteibuch – an eben den gleichen Posten. Aber dieses von sogenannten Realisten nur noch mit Achselzucken quittierte Prinzip ist gerade im Bereich von Schule und Bildung besonders fatal. Nicht nur, daß es wenig geeignet ist, unsere Parteien glaubwürdiger zu machen, sondern es bietet nun mal einen miserablen Anschauungsunterricht für heranreifende junge Demokraten, wenn sie täglich vor Augen haben, wie einfach, wie plump und wie unerläßlich das parteipolitische Nach-der-Decke-Strecken ist.

Das ist ein wirklich wunder Punkt! Nicht nur in Hessen. Da aber ist es mir besonders aufgefallen[39].

Mit ihrer Berufung sollte auch ein wenig der Gegenbeweis zu dieser zweifellos zutreffenden Behauptung geliefert werden.

Während sich in Wiesbaden der Ministerpräsident darum bemühte, Kabinett und Fraktion von der Richtigkeit dieser Personalentscheidung zu überzeugen und ihm dies knapp, bei einer Stimme Mehrheit, gelang, verwandte Kultusminister Schütte in München alle Anstrengungen darauf, Erwin, Florian und Verena Hamm für den Wechsel der Ehefrau und Mutter nach Wiesbaden geneigt zu stimmen. Weniger mit Engelszungen als mit umfassenden Kenntnissen von Ludwig-Thoma-Texten, die er, stark von seinem Heimatdialekt, dem Ruhrgebietsdeutsch, gefärbt, vortrug, gelang es ihm, ihnen die Zustimmung abzuringen.

Hildegard Hamm-Brücher erbat sich noch einige Monate Zeit, um die Berichte über die Bildungssysteme in England, Frankreich und Polen fertigzustellen, dann trat sie im Frühjahr 1967 den Staatssekretärinnenposten im hessischen Kultusministerium an.

Am Küchenschrank in der Gabriel-Max-Straße in München-Harlaching hing von nun an ein Terminkalender, der ihre Daten festhielt und der Familie zeigte, wo sie gerade beschäftigt, wie sie zu erreichen und wann sie wieder zu Hause war. Heute, nachdem die Kinder aus dem Haus sind, liegt er auf dem Schreibtisch von Erwin Hamm.

Verena tröstete sich damals mit der Überlegung, daß Mammi in der Woche „nur zweimal übermorgen nicht zu Hause ist." Scheinheilig besorgten Mitmenschen antwortete sie auf die Frage, wer sie armes Kind denn nun „erziehe", keß: „Erziehen, wieso erziehen? Bei uns wird nicht erzogen!"

Die Arbeit unter Ministerpräsident Zinn, der Hildegard Hamm-Brücher zur Einarbeitung und Mithilfe bei der ungewohnten Ministeriumsarbeit einen seiner fähigsten Mitarbeiter aus der Staatskanzlei zur Verfügung stellte, und „unter einem der", nach ihrer Meinung, „herausragendsten Kultusminister der Nachkriegszeit", Professor Schütte, fand sie endlich die Gelegenheit, auf den Weg zu bringen, was sie seit langem für richtig hielt.

Rückblickend auf diese zweieinhalb Jahre in Wiesbaden, sagt sie: „Das Glück hat in meinem Leben immer eine große Rolle gespielt. Mit der mir eigenen Unbefangenheit habe ich mich an diese Aufgabe herangewagt. Ich kann nur sagen, daß mich selten ein Lebensabschnitt so zufriedengestellt hat wie dieser."

Im SPD regierten Hessen hatte sich zu dieser Zeit Ministerpräsident Zinn das ehrgeizige Ziel gesteckt, aus Hessen das bildungspolitische Musterland der Bundesrepublik zu machen.

Bereits in den fünfziger Jahren hatte man dort die Weichen für die spätere Schulreform gestellt: man hatte die einklassigen Zwergschulen zugunsten von leistungsfähigen Mittelpunktschulen aufgelöst, hatte 1955/56 erste Versuche mit Förderstufen unternommen und sie später systematisch überall eingeführt, hatte mit ersten Gesamtschulversuchen begonnen und zeigte nun darüber hinaus bei den Überlegungen, wie man Begabungsreserven fördern, den Lehrermangel beheben, das berufsbildende Schulwesen verbessern könne, bereits etwas von jenem reformfreudigen Geist, der Hessen in den siebziger Jahren zum bildungspolitisch umstrittensten Land der Bundesrepublik werden ließ.

Hildegard Hamm-Brücher sah sich vor der ihr gemäßen Aufgabe und auf dem richtigen Weg.

Der emanzipierte Bürger, das Bildungsideal jener Tage, der die Fähigkeit besaß, Abhängigkeiten zu durchschauen und Fremdbestimmungen abzuwehren, der so frei war, sich selbst zu bestimmen und zu verwirklichen – entsprach er nicht ihrer Vorstellung vom freien, selbstverantwortlichen Bürger, der aus Deutschland ein freies, demokratisches Land machen würde?

In diesen Jahren der bildungspolitischen Hochstimmung glaubte man noch fest daran, daß die Zukunft des Menschen durch Erziehung chancengerecht und chancengleich gestaltet werden könne.

Vor allem die Bildungspolitiker der SPD und FDP setzten sich für die radikale Umgestaltung des bundesdeutschen Bildungswesens ein. Endlich sollte ernst gemacht werden mit der Überwindung des von obrigkeitsstaatlichen und ständischen Strukturen geprägten deutschen Bildungssystems, endlich sollten sich die Vorstellungen von Chancengleichheit, Mitbestimmung und Mitverantwortung durchsetzen, endlich sollten die Schulen von demokratischem, wissenschaftlichem, kooperativem Geist geprägt werden, endlich sollten junge Menschen zu freien, selbstbewußten, verantwortlichen Bürgern erzogen werden.

Als entscheidende Voraussetzung aller weiterführenden Reformen galt während dieser Jahre die Chancengleichheit. Um sie zu verwirklichen,
– sollte unter anderem für die drei- bis sechsjährigen Kinder verstärkt die Vorschulerziehung angeboten werden, damit auch Kinder aus sozial benachteiligtem Milieu bereits vor der Einschulung gefördert würden,
– sollten schulformunabhängige Förderstufen für die

Zehn- bis Zwölfjährigen verbindlich werden, damit die Kinder entsprechend ihren Veranlagungen und nicht nach ihrer sozialen Abkunft auf weiterführende Schulen gelangten,

- sollte das dreigeteilte Schulsystem (Volks-, Mittel- und Höhere Schule) zu Gunsten der Gesamtschule (auch Ganztagsschule) überwunden werden, damit Kinder aller Schichten ihrer Begabung und nicht dem sozialen Status ihrer Eltern nach ausgebildet würden,
- sollten auch in den berufsbildenden Schulen Bildungsgänge angeboten werden, die zum Abitur führten, damit die Gleichwertigkeit von beruflicher und allgemeiner Bildung garantiert würde,
- sollten Lernziele und Lehrpläne so gestaltet werden, daß sie nicht wie bisher schichtenspezifische Bildungstraditionen verfestigten,
- sollten die Anforderungen in den sprachlichen Fächern gesenkt werden, weil sie oft zur Benachteiligung der sozial schwachen führten, die von ihrer Herkunft her unzureichend auf deren Inhalt, Ausdrucksweise und Maßstäbe vorbereitet sind,
- sollten die teils überlangen Ausbildungszeiten an den Universitäten gestrafft werden, damit nicht die sozial Benachteiligten gezwungen würden, das Studium aus finanziellen Gründen abzubrechen.

In Wiesbaden gelang es Kultusminister Professor Schütte und seiner Staatssekretärin Hildegard Hamm-Brücher damals in kürzester Zeit, die bildungspolitischen und pädagogischen Grundsätze der hessischen Schulreform in den Jahren 1967 vorzubereiten, 1968 im Kabinett und Parlament zu beraten und 1969 zu verabschieden.

Hildegard Hamm-Brücher faßt diese formelhaft zusammen, wenn sie schreibt:

Mit der Schulreform soll erstens das Bürgerrecht auf Bildung und das Postulat der Chancengleichheit erfüllt und verwirklicht werden; hierzu sind vorgesehen; Vorschulerziehung – Grundschulreform – weiterführende Bildung für alle jungen Menschen in differenzierten Gesamtschulsystemen – Einführung des Stufenlehrers, der nicht für herkömmliche Schularten, sondern für Grund-, Mittel- oder Oberstufen der künftigen Gesamtschule ausgebildet ist;

sollen zweitens die Bildungs-Ziele, -Inhalte und -Verfahren an die sich wandelnden Lebens-, Leistungs- und Arbeits-Bedingungen angepaßt werden; hierzu gehört: Überwindung der Antinomie zwischen sogenannter volkstümlicher und wissenschaftlicher Bildung durch eine allen Bildungsplänen gemeinsame Grundkonzeption; Modernisierung und Reform des Curriculums, insbesondere für Mathematik, Naturwissenschaften, Technik; Verbindung von allgemeinen und beruflichen Bildungsinhalten;

sollen drittens alle Schul- und Bildungseinrichtungen nach demokratischen Grundsätzen organisiert, verwaltet und gestaltet werden; hierzu gehört: Abbau obrigkeitsstaatlicher Strukturen – Überwindung autoritärer Denk- und Verhaltensweisen – Einübung in neue Formen demokratischer Willensbildung – Entscheidung, Verantwortung und Kontrolle.

Für das Land Hessen setzte, wie Hildegard Hamm-Brücher damals schrieb, nach der Verabschiedung dieser Schulgesetze

mit einem Schlage ein solcher Gesamtschul-Planungs-Boom ein, daß die Entwicklung während der letzten Monate nun eher gebremst als angekurbelt werden muß. Falls es finanziell zu bewältigen ist, könnten in Hessen im Laufe des nächsten Jahrzehnts mehr als zweihundert neue Gesamtschulen entstehen, die netzförmig zugeordnet werden: mehrere vollausgebaute Grundschulen (Klassen 1 bis 4) jeweils einer Mittelstufenschule (Klassen 5 bis 10) mit Jahrgangsstärken von 150 bis 250 Schülern; und mehrere Mittelstufenschulen jeweils einer Oberstufenschule (Klassen 11 bis 13) mit mindestens den gleichen Schülerzahlen pro Jahrgang, um damit eine reiche Kursdifferenzierung zu ermöglichen. [40]

Man muß Hildegard Hamm-Brüchers zahlreiche Reden und Aufsätze aus dieser Zeit lesen, um zu begreifen, mit welcher Intensität und Freude sie damals nicht nur die sogenannten äußeren Reformen, wie beispielsweise die Fertigstellung der ersten Gesamtschulen, begrüßte, sondern auch an den oft schwierigen Verhandlungen mit den Vertretern der Ministerien, der Wissenschaft, der Schulpraxis und der Eltern teilnahm und erst recht die sogenannte innere Schulreform: die neuen Lernzielbestimmungen, die neuen Lehrpläne, die neuen Leistungsdifferenzierungen, die neuen Leistungskontrollen zu ihrer Sache machte.

Doch trotz aller Begeisterung für diesen sich endlich abzeichnenden bildungspolitischen Neubeginn wies sie in den hessischen Jahren immer wieder darauf hin, daß alle Reformvorhaben zunächst gründlich erprobt werden müßten und ohne aufwendige Steuergelder auszukommen hätten.

Ihr Credo war darüber hinaus das der Freiwilligkeit. Das bedeutet, daß für die Schulversuche nur Lehrer eingestellt wurden, die sich hierzu freiwillig gemeldet hatten, die Schüler sich aus Elternhäusern rekrutierten, die den bildungspolitischen Veränderungen positiv gegenüberstanden, und auch die Schulträger ausdrücklich den Neuerungen zuzustimmen hatten. Immer trat sie dafür ein, daß die Reformen nicht von oben verordnet werden dürften, nicht im Sinne eines revolutionären Vorgangs, sondern als Evolution in Gang zu setzen und in Gang zu halten seien und exakt geplant und durchgeführt werden müßten, also ein kombiniertes wissenschaftliches, organisatorisches, administratives und schulpraktisches Verfahren erforderten. Alle Vorhaben aber orientierte sie an der Frage: Wie nützen diese Veränderungen dem Wohl des einzelnen Kindes? Was tragen sie dazu bei, seine Fähigkeiten festzustellen und zu fördern, seine Freude, Spontaneität und Kreativität zu erhöhen?

Zu einer entscheidenden Herausforderung für die Politiker, vor allem auch die Bildungspolitiker, wurde in diesen von Veränderungswillen und Aufbruchstimmung gekennzeichneten Jahren die Auseinandersetzung mit der außerparlamentarischen Opposition (APO), die ihr Unbehagen an der selbstzufriedenen deutschen Wohlstandsgesellschaft, unter anderem an der Verfestigung des politischen „Establishments" in der Großen Koalition (1966–1969), an ehemaligen Nazis in führenden Stellungen, an Aufrüstung und Atombewaffnung, am Vietnamkrieg, den Notstandsgesetzen durch provokante, häufig gewalttätige Aktionen auf nicht parlamentarischem Wege zum Ausdruck brachte. Hildegard Hamm-Brücher hat mehrmals Stellung genommen zu diesem Aufbegehren der Jugend, der Studenten und Schüler, die die Probleme zur Sprache brachten, die eigentlich die unmittelbare Nachkriegsgeneration, die Generation zu der auch Hildegard Hamm-Brücher gehört, hätte aufgreifen und lösen müssen. Ihre bekannteste Rede zu diesem Thema hielt sie auf dem „Hessentag" in Gießen am 27. Juni 1969.

Sie setzte sich in ihr mit dem unzureichenden Demokratieverständnis der ältern wie jüngeren Bundesbürger auseinander, das nach ihrer Meinung der Anlaß zur Konfrontation der Generationen war. Der älteren Generation warf sie vor, daß sie sich nicht ausreichend mit ihrer schuldbeladenen Vergangenheit auseinandersetze und sich durch Tüchtigkeit und erworbenen Wohlstand rehabilitiert fühle; der jüngeren Generation hielt sie vor, ihre berechtigten Vorwürfe durch undemokratische Aktionen unglaubwürdig zu machen.

Bei ihrem Urteil über die APO berief sie sich auf Jürgen Habermas, den marxistischen Soziologen, der in der Dokumentation „Protestbewegung und Hochschulreform" nachgewiesen hatte, wie sich Schritt für Schritt aus der ursprünglich außerparlamentarischen eine antidemokratische Opposition entwickelt hatte.

Hildegard Hamm-Brücher kam zu dem Urteil:

In den Methoden dieser „aktionistischen Irrläufer", da fällt der rote Apfel allerdings nicht weit vom braunen Stamm der Väter: der gleiche Totalitätsanspruch und die gleiche totale politische Dämonisierung des menschlichen Daseins von der Zeugung bis zur Bahre, vom Sex über die zweite Lautverschiebung bis zur Schwarzwälder Kirschtorte: die gleiche schonungslose Intoleranz gegen politisch Andersdenkende, der gleiche ideologisch aufgeheizte Fanatismus, diesmal nicht nationalsozialistischer, sondern internationalsozialistischer Ausprägung – und diese Formulierung ist spätestens seit der widerwärtigen Pogromstimmung gegen Israel, wie sie nicht erst anläßlich des Besuches des Botschafters Asher Ben Natan in Hamburg und Frankfurt geschürt wird, mehr als ein makabres Wortspiel. Denn immer dann, wenn nicht mehr mit Argumenten, sondern mit Gebrüll, Gestank und Fäusten gekämpft wird, muß sich bei uns die höchst fatale Parallele zum Faschismus aller totalitären Schattierungen einstellen.

Nach dieser Kritik aber zeigte sie den Zusammenhang zwischen Protestbewegung, lebendiger Demokratie und Reformwillen, wenn sie sagte:

Wie beunruhigend schlimm und kläglich das alles auch sein mag, für eine objektive Beurteilung dürfen drei Fakten nicht außer acht gelassen werden.

1. Es ist noch gar nicht lange her, daß wir das höchst mangelhafte politische Interesse der jungen Generation lautstark beklagt haben, und schon aus diesem Grunde können wir das erwachte Interesse nicht verdammen, weil es anders ausgefallen ist, als wir uns das gewünscht hatten. Wenn wir nichts Besseres wissen, als „Ruhe und Ordnung" wiederherzustellen, könnte die Demokratie mindestens ebenso gefährdet werden wie durch die derzeitige „Unruhe und Unordnung", die zu unser aller Sorge überwiegend der Stärkung der sich formierenden Rechten zugute kommt.

2. Die Protestbewegung hat ohne Zweifel einen Durchlüftungseffekt im inneren Gefüge unserer Gesellschaft erzielt, der notwendig und fällig war. Nicht nur unter den Talaren ist da allerhand Muff zum Vorschein gekommen, auch unsere Chance ist größer geworden, die Positionen demokratischer Gesellschaftspolitik sehr viel gründlicher, vernünftiger und rückhaltloser zu klären, als es uns in der Zeit gesellschaftspolitischer Flaute abverlangt wurde.

Daß die hessische Landesregierung diese Chance für notwendige Reformen trotz mancher Schwierigkeiten nach Kräften zu nutzen versucht, das kann ihr Ansehen im Urteil nicht restaurativ denkender Bürger nicht schmälern, sondern nur glaubwürdiger machen.

3. In den ersten beiden Nachkriegsjahrzehnten ist offenbar geworden, daß auch eine rechtsstaatlich gefestigte demokratische Ordnung nicht lebensfähig ist, wenn sie in den gesellschaftlichen Bereichen an chronischer Kreislaufschwäche leidet. Dafür hat es in der Ära des „keine Experimente" exemplarische Beispiele gege-

ben, und damals schon erhoben sich warnende, mahnende und kritische Stimmen über die Gefahren des demokratischen Immobilismus in unserem Land. Sie waren die Vorläufer der Protestbewegung. Hier seien nur die Schriften des Philosophen Karl Jaspers, des Pädagogen Hartmut von Hentig, des marxistischen Soziologen Jürgen Habermas, des liberalen Soziologen Ralf Dahrendorf und des konservativen Publizisten Hans Heigert genannt.

Voraussetzungen für ein neues Demokratieverständnis

Hier allerdings – an dieser entscheidenden Stelle – setzt unser Demokratieverständnis immer noch aus bzw. gar nicht erst ein, und zwar in Folge eines grundlegenden, die Funktionsfähigkeit und Glaubwürdigkeit der Demokratie gefährdenden Mißverständnisses:

Wir haben nämlich auf die beiden großen politischen und militärischen Schiffbrüche dieses Jahrhunderts zwar mit idealtypischen demokratischen Musterverfassungen reagiert, diesen aber eine „Harmonielehre" hinzugesellt, die einer Art Gesellschaftsphilosophie obrigkeitsstaatlichen Denkens und Verhaltens gleichkommt. Auf diese Weise haben wir – gewollt oder nicht – den gesellschaftspolitischen Vollzug der Verfassung der Freiheit zwei Jahrzehnte lang eingeschränkt, teilweise sogar verhindert. Außerdem sind als Folge dieser Harmonielehre gerade bei jungen Menschen einerseits Illusionen über den möglichen Grad der Vollkommenheit einer Demokratie entstanden und andererseits bittere Enttäuschungen über ihre Wirklichkeit.

Bitte verzeihen Sie, daß ich insistiere! Eben weil wir uns dieser Zusammenhänge immer noch nicht ausreichend bewußt sind, bedarf es einer provozierenden Diagnose: Solange wir nicht akzeptieren wollen, daß eine Demokratie nicht nur Konflikte ertragen und austragen muß, sondern daß sie durch Spannungen und Konflikte überhaupt erst lebens- und widerstandsfähig wird, so lange besteht die Gefahr, daß sie an eben diesen Konflikten zerbricht.

Ich weiß, es ist leicht gesagt, daß auch wir alle Anstrenungen unternehmen müssen, den Protest durch demokratische Initiative quasi zu legalisieren, bevor er sich radikalisiert oder gar revolutioniert, aber es ist schwer getan! Denn der Stau des Unbehagens an dem Demokratisierungsrückstand in unserer Gesellschaft ist mittlerweile viel zu groß und stark geworden, als daß er ohne Explosionsgefahr abgebaut werden könnte. Nun soll plötzlich alles auf einmal geschehen – und wir wissen sehr wohl, daß dies nicht zu schaffen ist. ...

Wenn wir eine Staats- und Gesellschaftsform wünschen – und wir wünschen sie! –, die freiheitlich, offen, anti-autoritär und emanzipatorisch sein soll, dann müssen wir konsequenterweise aufgeben, Demokratie zu einem in sich stimmigen Ideal zu stilisieren. Denn wer Selbstbestimmung für sich fordert, muß sie auch anderen zugestehen – wer Repression anklagt, darf selber keine ausüben – wer Freiheit für sich beansprucht, muß die der anderen verteidigen – wer Manipulation verurteilt, darf sich ihrer nicht schuldig machen.

Genau an dieser Stelle läßt sich zeigen, welch ein kompliziertes Wagnis Demokratie und Erziehung zu ihr in Wirklichkeit sind: Denn demokratische Erziehung muß zu der Einsicht führen, daß die Sehnsucht nach Freiheit, Selbstbestimmung und Gerechtigkeit niemals absolut, sondern bestenfalls relativ erfüllt werden kann. Erst wenn wir diese Gesetzmäßigkeit wirklich absorbiert haben, können sich grundlegende Bewußtseins- und Verhaltensänderungen von selbst verstehen. Eine freiheitliche Demokratie ist dann weder die beste aller Staatsformen (wie uns viele Schulbücher und Sonntagsreden glauben machen) noch die schlechteste aller Staatsreformen (wie das APO-Ideologien ihre Anhänger glauben machen möchten), Demokratie ist vielmehr die einzige Staatsform, die die Chance bietet zur evolutionären Veränderung und Erneuerung und zu den Formen der Selbstverwirklichung, die heute mit den Begriffen Autonomie oder Emanzipation belegt werden.

Um diesen Zeiten näherzukommen, müssen wir jedoch zu allererst und immer wieder die Unvollkommenheit der Demokratie bewußt machen und Demokratie als eine Möglichkeit begreifen, für die zu engagieren es sich immer wieder lohnt!

Ein solches realistisches Demokratieverständnis läßt sich dann weder als Harmonielehre noch als Revolutionstheorie predigen. Es läßt sich überhaupt nicht predigen, sondern nur einsichtig machen und praktizieren.

Aus all dem folgt schließlich, daß Demokratisierung – und nur sehr zögernd wähle ich diesen überstrapazierten Begriff – niemals in einem revolutionären Akt gelingen kann, in dem alle Macht- und Entscheidungsverhältnisse einfach umgekehrt werden. Demokratisierung ist vielmehr ein permanenter Emanzipationsprozeß, der sich im Spannungsfeld offener und energischer Partizipation zwischen Freiheit und Kontrolle vollziehen muß. Demokratisierung heißt, immer von neuem Spielraum schaffen für Initiative, Selbstbestimmung und Mitverantwortung.

In einem solchen Spannungsfeld können – wie ermutigende Beispiele beweisen – auch radikale und revolutionäre Kräfte und Gruppen sehr wohl verkraftet werden. Nicht mit den Mitteln repressiver Toleranz, nicht als wachsweiches Gewährenlassen, sondern in eben dieser Wechselwirkung zwischen Herausforderung und Begründung, Gewährung und Bewährung, Kritik und Korrektur.

Über den Mut zur kleinen Utopie

Damit kehre ich wieder zurück zu der Frage, was denn nun eigentlich geschehen muß und wie es weitergehen soll. Es gibt da eine relativ einmütige Antwort, die seit einiger Zeit gleich einem „Ruf wie Donnerhall" durch die Lande schallt: Reformen – Reformen!!

Dieser Ruf jedoch ist Schall und Rauch, solange ihm nicht konkret begründete und energische Taten folgen! Der Berliner Politologe Kurt Sontheimer hat die derzeitige Lage bissig, aber treffend in den Worten zusammengefaßt: Reformiert darf werden – aber ändern darf sich nichts! Oder von mir etwas abgewandelt formuliert: Reformiert darf werden – aber nur bei den andern; ändern darf sich alles, nur nichts für mich – und diese Sentenz gilt nicht nur in Sachen Hochschulreform, sondern immer und überall, wo der Hebel der Reform angesetzt werden soll. Kein Zweifel aber, daß wir mit jeder Art Konzession an Reformen allenfalls Symptome kurieren, aber keine Ursachen beseitigen werden. Wie aber dann?

Wenn man sich einmal mit der Geschichte und dem Schicksal von Reformen und Reformern in Deutschland beschäftigt, dann fällt zweierlei auf. Erstens: Reformen kamen bei uns immer nur unter dem Druck unglücklicher Umstände zustande – niemals aber aus der eigenen Kraft rechtzeitiger Initiative und Einsicht, und zweitens: Reformer werden immer erst dann und posthum mit einer Gloriole des Heroischen verehrt, wenn die nächste Reform eigentlich schon recht fällig wäre.

Deshalb meine ich, daß wir uns angesichts unseres Defizits an gelungenen Reformen davor hüten sollten, Reformen als säkulare Ereignisse zu erwarten, von Reformern Heroisches zu verlangen und dem gelungenen Werk Unsterblichkeit zu verheißen. In Wirklichkeit und aus der Nähe betrachtet, fallen Reformen nicht vom Himmel, sie sind kein Geniestreich, nicht einmal das „Bretterbohren mit Augenmaß und Leidenschaft", von dem Max Weber in sei nem Essay „Politik als Beruf" spricht – *die* Reform, die gibt es gar nicht mehr, sondern nicht weniger und nicht mehr als eine Unzahl mühseliger, energie- und zeitraubender Ideen und Tatkraft erfordernder „Mini-Reförmchen", die gar nicht mehr von einem einzelnen vollbracht werden können, sondern vom Stab, vom Team, der Denk- und Arbeitsgruppe.

Deshalb, meine ich, sollten wir unsere Bilderbuchvorstellungen von Reformen gründlich entzaubern und uns auch nicht in Utopien für übermorgen flüchten, mit denen uns Zukunftsforscher das Staunen und Fürchten lehren: Denken wir über Reformen für heute und morgen so nüchtern und konkret wie über unaufgeräumte Schubläden; entschließen wir uns zu kleinen, zu kleinsten Utopien!

Ich wäre versucht, zu formulieren, daß der Weg in die Zukunft mit dem Mut zu kleinen Utopien gepflastert ist – wenn nicht auch dieses Bild schon wieder den Schwierigkeitsgrad der Aufgabe verharmlosen und verniedlichen würde.

Denn zum Mut zur Utopie gehören nicht nur Ideen, Energie und Entschlußkraft, sondern Sachkenntnis, Planungs- und Organisationsvermögen, Menschenkenntnis, der Wille zur Kooperation, Integration und Kommunikation, die Lust am Improvisieren und die Gabe, andere zu überzeugen.

So gesehen, sehr geehrte Damen und Herren, liebe hessische Mitbürger, haben wir also weder Anlaß noch Zeit, auf den Lorbeeren unserer Erfolge und Fortschritte auszuruhen: Bewährung ist immer etwas, das noch vor uns liegt.

Getreu dieser Devise ist dieses kleine, schöne, mutige und fortschrittliche Land dank seiner Bürger, seiner Regierung und seines von uns allen geliebten und geschätzten Landesvaters (den eben dieser Mut zur kleinen Utopie vor allem anderen auszeichnet!) gediehen, reicher geworden und (auch für Landesfremde) anziehender. Ich bin dankbar und auch ein wenig stolz, mich zu den „Angezogenen" und nun auch Einbezogenen zählen zu dürfen.

In dieser Devise steckt aber nicht nur das Lob auf die Vergangenheit, sondern auch eine höchst unbequeme, weil unmißverständliche Herausforderung für heute und alle Tage. Deshalb wiederhole ich sie: Bewährung ist etwas, das immer erst vor uns liegt[41]!

Zwei Ereignisse des Sommers und Herbstes 1969 setzten dem erfolgreichen Wirken Hildegard Hamm-Brüchers im hessischen Kultusministerium ein Ende.

Zum einen: Im April 1969 erlitt Ministerpräsident Zinn einen Schlaganfall, von dem er sich nicht mehr erholte. Die südhessische SPD setzte daraufhin durch, daß Finanzminister Osswald, gegen den Zinn sich lange gewehrt hatte, zu dessen Nachfolger designiert wurde. Zinn trat bald darauf zurück. Der Weg für Osswald, dessen Regierungszeit von einer Reihe politischer Mißgriffe und vor allem durch die Affäre um die Hessische Landesbank unrühmlich bekannt werden sollte, war damit frei.

Bei seiner Kabinettsbildung Anfang Oktober 1969 berief der neue Ministerpräsident den später höchst umstrittenen, glücklos agierenden Frankfurter Soziologieprofessor Ludwig von Friedeburg in das Amt des Kultusministers. Konservative Kreise sahen von nun an in der hessischen Bildungspolitik ein Instrument neo-marxistischer Indoktrination.

Zum anderen: Die Wahl zum sechsten Deutschen Bundestag brachte am 28. September 1969 erstmals eine Stimmenmehrheit von SPD und F.D.P. Die Stunde der sozial-liberalen Koalition war angebrochen. Walter Scheel, der seit dem Freiburger Parteitag 1968 anstelle von Erich Mende Parteivorsitzender der Liberalen war, beriet im Oktober 1969 mit dem zukünftigen Regierungschef Willy Brandt die Kabinettsliste. Die F.D.P. erhielt wichtige Ministerien: das Außenministerium unter Walter Scheel, das Innenministerium unter Hans-Dietrich Genscher, das Landwirtschaftsministerium unter Josef Ertl. Zum Bildungsminister hatten Willy Brandt und Walter Scheel gemeinsam den parteilosen Karlsruher Professor Hans Leussink ausersehen. Dieser hatte sich vor allem als Präsident des „Wissenschaftsrates" (W.R) – eines 1957 von Heuss ins Leben gerufenen Gremiums, dessen Aufgabe darin bestand, Empfehlungen für Studium, Lehre und Forschung im tertiären Bildungsbereich zu erarbeiten – einen Namen gemacht. Willy Brandt, Walter Scheel und Hans Leussink einigten sich darauf, Hildegard Hamm-Brücher und Klaus von Dohnanyi (SPD) als Staatssekretäre in das Bundesministerium für Bildung und Wissenschaft zu berufen.

An dem Tag, an dem Ministerpräsident Osswald den hessischen Kultusminister Schütte in den Ruhestand schickte, kam für Hildegard Hamm-Brücher aus Bonn die offizielle Anfrage, ob sie zum Wechsel in die Bundeshauptstadt bereit sei. Noch am selben Abend traf sie sich, begleitet von Professor Schütte, mit Professor Leussink in einem Kölner Hotel, um die Modalitäten des Wechsels von Wiesbaden nach Bonn zu besprechen. Ihre Zusage – sie war von der Wichtigkeit und Notwendigkeit, an der Bildungspolitik der Bundesregierung mitzuarbeiten, überzeugt – enthielt diesmal aber auch eine unmißverständliche Absage. „Ich dachte", sagt sie rückblickend, „vielleicht ist dies Angebot ein Wink des Himmels. Es war mir klar, daß ich weder mit Ministerpräsident Osswald noch mit Kultusminister von Friedeburg würde auskommen können. Osswald konnte Zinn nicht entfernt das Wasser reichen, und von Friedeburg war ein Soziologe, der aus dem Kreis von Horkheimer und Adorno kam, viel von Theorien, weniger von Praxis und gar nichts von der Schule verstand. Das hat alles zusammen dann wohl in der Folgezeit auch zu der hessischen Fehlentwicklung geführt. Leider hat die Misere der hessischen Reformbestrebungen letztlich bundesweit allen Reformvorhaben, die so wichtig waren und so richtig geplant waren, geschadet. Reformer, die viel zu viel auf einmal wollten, die zu ideologisch ausgerichtet waren, die nichts sich behutsam entwickeln ließen und viel zu doktrinär vorgingen, sind mit daran schuld, daß die Bildungsreform scheiterte."

Im November 1969 wurde Hildegard Hamm-Brücher beamtete Staatssekretärin im Bundesministerium für Bildung und Wissenschaft in Bonn. Ihre hessischen Erfahrungen, fachliche wie menschliche, kamen ihr zugute, denn sie war nun bereits mit der Arbeit in einem großen Ministerium vertraut und hatte auch die Bedingungen einer sozial-liberalen Zusammenarbeit erprobt.

Staatssekretärin im Ministerium für Bildung und Wissenschaft in Bonn

„Bildung und Ausbildung, Wissenschaft und Forschung stehen an der Spitze der Reformen, die es bei uns vorzunehmen gilt. Wir haben die Verantwortung, soweit sie von der Bundesregierung zu tragen ist, im Bundesministerium für Bildung und Wissenschaft zusammengefaßt. ... Das Ziel ist die Erziehung eines kritischen, urteilsfähigen Bürgers, der imstande ist, durch einen permanenten Lernprozeß die Bedingungen seiner sozialen Existenz zu erkennen und sich ihnen entsprechend zu verhalten. Die Schule der Nation ist die Schule." [42] Verheißungsvoller als Willy Brandt in seiner Regierungserklärung vom 28. Oktober 1969 konnte ein Regierungschef kaum seinen Willen zu einer aktiven Bildungspolitik bekunden.

Hildegard Hamm-Brücher erinnert sich an den Optimismus der Anfangszeit, die die Mitarbeiter unter Bildungsminister Professor Leussink einte, an die Hoffnungen, die man vor allem in drei Neuordnungen setzte, die in dieser ersten Zeit auf den Weg gebracht wurden und von denen man sich entscheidende Veränderungen des deutschen Bildungswesens versprach.

Zum einen versuchte man den Bund entscheidend mit an der Verantwortung für das gesamte Bildungswesen zu beteiligen. Schon während der Großen Koalition waren hierzu verschiedene Grundgesetzänderungen beschlossen worden. Nun wurde unter anderem in Artikel 91 a Grundgesetz (GG) der Ausbau und Neubau von Hochschulen zur Gemeinschaftsaufgabe von Bund und Ländern erklärt und in 91 b GG vereinbart, daß beide aufgrund von Verordnungen bei Bildungsplanung und Förderung von wissenschaftlichen Vorhaben und bei überregionaler wissenschaftlicher Forschung zusammenwirken sollten.

Zum anderen verwandte man alle Anstrengungen darauf, die Reformvorhaben des „Deutschen Bildungsrates" – eine 1965 gegründete Institution, bestehend aus einer Bildungskommission, die Empfehlungen und Studien erarbeitete und prüfte, und einer Regierungskommission aus Bund und Ländern, mit der die Empfehlungen beraten und abgestimmt wurden – endlich in die Tat umzusetzen.

Sowohl Hildegard Hamm-Brücher als auch Professor Leussink hatten in dieser Kommission mitgearbeitet und deren Tendenzen maßgeblich mitbestimmt. Nun wurde der „Strukturplan für das Bildungswesen", den der „Deutsche Bildungsrat" modellhaft für ein zukünftiges Bildungssystem erarbeitet hatte, zur Ausgangsbasis der Reformvorhaben der sozial-liberalen Koalition. Im Sommer 1970 erschien unter der Federführung von Hildegard Hamm-Brücher der „Bildungsbericht 70", der erste und einzige Bildungsbericht, den je eine Bundesregierung auf den Weg gebracht hat. Unter „Zielvorstellungen" heißt es hier:

1. Bis 1980 soll die *Elementarerziehung* zügig ausgebaut und die Zahl der Kindergartenplätze von 1 auf 2 Millionen mindestens verdoppelt werden. Dieses Ziel soll nach Ansicht der Bundesregierung besondere Priorität erhalten.

2. Bis 1980 soll die *Einschulung* auf das fünfte Lebensjahr vorverlegt werden.

3. Dies erfordert eine Neukonzeption der Eingangsstufe der *Grundschule* und in ihrem weiteren Verlauf die Vorbereitung aller Schüler auf eine wissenschaftsbezogene weiterführende Bildung. Besondere Schwerpunkte sind: die Einführung der „Neuen Mathematik", naturwissenschaftliches Grundverständnis, Versuche mit dem Frühbeginn einer Fremdsprache.

4. Hauptschule, Realschule und Gymnasium sollen schrittweise zu einem Gesamtschulsystem zusammengefaßt werden. Die punktuelle Auslese nach dem vierten Schuljahr soll durch ein gegliedertes System individueller Förderung in den Klassen 5 und 6 *(Orientierungsstufe)* und eine wachsende Auswahlmöglichkeit zwi-

schen verschiedenen Pflicht- und Wahlfächern in den Klassen 7 bis 10 der Sekundarstufe I ersetzt werden. Die *integrierte Gesamtschule* soll schrittweise erprobt und eingeführt werden. Bei der regionalen Schulbauplanung soll diese bildungspolitische Entwicklung berücksichtigt werden.

5. Für alle Jugendlichen wird ein *erster Sekundarschulabschluß* (Abitur I) nach zehnjähriger Schulzeit angestrebt.

6. Über eine Reform der Oberstufe der weiterführenden Schulen soll die Schulzeit von 13 auf 12 Jahre verkürzt werden. Ein zweiter *Sekundarschulabschluß* (Abitur II) soll eingeführt werden, der je nach der Wahl von Schwerpunkten stärker auf berufliche oder auf Hochschulbildung ausgerichtet ist. In der Sekundarstufe II sollen bisher getrennte allgemeine und berufliche Bildungsgänge verbunden angeboten werden. Der Prozeß der Integration soll durch entsprechende Curricula erprobt und schrittweise vollzogen werden. Nach vorläufigen Schätzungen wird um das Jahr 1980 rund die Hälfte der Schüler eines Altersjahrganges diesen zweiten Sekundarabschluß erwerben.

7. Die *berufliche Bildung* ist wie die allgemeine schulische Bildung eine öffentliche Aufgabe. Sie ist gemeinsam von Bund und Ländern mit den Selbstverwaltungsorganisationen der Wirtschaft und mit Lehrern und Schülern wahrzunehmen. Die Verbindung von Theorie und Praxis soll erhalten, in ihrer Ausgestaltung aber gründlich reformiert werden. Neben die Ausbildung im Betrieb mit Teilzeitunterricht in der Berufsschule (duales System) sollen verstärkt Vollzeitschulen treten.

8. Die *Lehrerbildung* soll reformiert werden. Künftig sollen in der Gesamthochschule „Stufenlehrer" für die Grundschule, die Sekundarstufe I und die Sekundarstufe II ausgebildet werden. Auf ein erziehungswissenschaftliches Grundstudium folgt eine miteinander verbundene fachwissenschaftliche und fachdidaktische Ausbildung. Die *Weiterbildung* der Lehrer, auch in Form von Kontaktstudien, soll systematisch ausgebaut und gefördert werden.

9. Der Strukturreform entsprechend sind *Lehr- und Lernpläne (Curricula)* sowie Tests zu entwickeln und Schulversuche wissenschaftlich zu begleiten. Hierfür muß die Bildungs- und Curriculumforschung in der Bundesrepublik systematisch aufgebaut, gefördert und koordiniert werden.

10. Im teritären Bildungsbereich sollen *Gesamthochschulen* geschaffen, Studiengänge und Lehrkörper reformiert, die Autonomie der Hochschulen gestärkt und die Mitwirkung aller in der Hoch-

schule Tätigen am Entscheidungsprozeß gesichert werden. Nach heutigen Schätzungen wird etwa im Jahre 1980 rund ein Viertel der Angehörigen eines Altersjahrganges im tertiären Bildungsbereich (Gesamthochschule) studieren.

11. Die derzeitige *Erwachsenenbildung* und die berufliche Weiterbildung sollen zu einer vierten Stufe des Bildungswesens ausgebaut und der Bildungsurlaub soll gesetzlich geregelt werden.

12. Die individuelle *Ausbildungsförderung* soll ausgebaut und verbessert werden[43].

Schließlich schuf man im Juni 1970 durch ein Verwaltungsabkommen zwischen Bund und Ländern die „Bund-Länder-Kommission für Bildungsplanung" (BLK), die einen Rahmenplan für das gesamte Bildungswesen schaffen, mittelfristig Stufenpläne zu dessen Umsetzung entwickeln und den Finanzbedarf für den Rahmenplan feststellen sollte.

Die BLK war paritätisch mit Vertretern des Bundes und der Länder besetzt; ihre Beschlüsse verlangten Dreiviertelmehrheit; diese wurden aber erst dann für das jeweilige Land verbindlich, wenn dessen Ministerpräsident ihnen zugestimmt hatte.

Nun endlich schien ein wirkungsvolles Instrumentarium für eine bundeseinheitliche, fortschrittliche Bildungspolitik gegeben. „In den zweieinhalb Jahren (Dezember 1969 bis Mai 1972), in denen ich entscheidend an der Bildungspolitik der Bundesregierung mitbeteiligt war", sagt Hildegard Hamm-Brücher, „habe ich die Ärmel hochgekrempelt und fest daran geglaubt, daß nun endlich der bildungspolitisch so notwendige Umschwung käme. Es gab zu dieser Zeit in Bonn noch keine Bildungsplanungsabteilung. Ich habe sie in kurzer Zeit aufgebaut. Dabei hatte ich Glück und auch die richtige Nase bei der Auswahl meiner Mitarbeiter. Aus den Kultusministerien von Nordrhein-Westfalen und Hessen konnte ich fähige Experten gewinnen, die sich in Düsseldorf und Wiesbaden bereits mit reformerischen Projekten befaßt hatten, so Fachkräfte für Hochschul- und Gesamtschulfragen, für den Volkshochschulbereich, für die technische Erziehung und die Hochschulgesetzgebung. Ein sehr tüchtiger persönlicher Referent sorgte stets für die notwendige Koordination. Was wir in kürzester Frist auf die Beine gestellt haben: den Bildungsbericht 70, die gesamtstaatliche Bildungsplanung, die rasche Hochschulbauförderung und das Hochschulrahmengesetz, das die divergierenden Ländergesetze auf einen gemeinsamen Reformkurs verpflichtete, konnte sich dann auch sehen lassen." Und sie fügt, die Atmosphäre dieser Jahre beschreibend, hinzu: „Eine kurze Zeit lang, zwischen 1969 und 1971, sah es dann auch wirklich so aus, als bestünde endlich Eintracht zwischen den bildungspolitischen Widersachern. Konservative, nur bedingt reformfreudige CDU/CSU-Politiker, mögen sie es heute auch nicht mehr wahrhaben wollen, stimmten damals ebenso wie fortschrittliche SPD und F.D.P.-Politiker den Beschlüssen des Wissenschaftsrats zum Aufbau von Hochschulen mit Aufbauquoten für 25% eines Jahrgangs in Gesamthochschulen zu und natürlich auch den Empfehlungen des Deutschen Bildungsrates zur Neuregelung des Schulsystems und damit der Gleichstellung der beruflichen und allgemeinen Bildung."

Daß trotz aller Anstrengungen die hochgesteckten, idealistischen Ziele der Bildungsreform nicht erreicht wurden, daß die Bildungspolitik ab Mitte der siebziger Jahre – von 1974 an verschlechterten sich auch die wirtschaftlichen Voraussetzungen – als gescheitert angesehen werden mußte, hat nach Hildegard Hamm-Brücher vielfache Ursachen. Sinngemäß nannte sie 1976 folgende Gründe, die nach ihrer Meinung auch heute noch generell zutreffend sind:

– Die eigentliche Ursache unserer Bildungsmisere, ihre Halbherzigkeit, ihr Stolpern von einer Krise in die andere hat ihren Grund darin, daß noch immer nicht, auch nicht nach Jahrzehnten des Friedens eine grundsätzliche Übereinstimmung aller demokratischen Kräfte unseres Landes über die Bedeutung und Aufgabe unseres Bildungssystems erreicht worden ist. Nach wie vor ist man sich nicht bewußt, wieviel Bildung und Erziehung für den Fortbestand unserer Demokratie ausmachen und wie notwendig es ist, unserer fortschrittlichen demokratischen Staatsreform ein fortschrittliches demokratisches Bildungswesen an die Seite zu stellen.

– Die entscheidende Auseinandersetzung in der Bildungspolitik beruht in der Bundesrepublik auf der Frage: „Ist ein demokratisches Bildungssystem ein Zuteilungsamt für Sozialchancen oder ist es eine Institution, die für jedermann (und ich möchte hinzufügen: auf Lebenszeit) ein größtmögliches Maß an Bildungschancen, die allerdings auch Pflichten und Verantwortung mit sich bringen, gewährt? Ist Bildung und Lernen ein Domestizierungsinstrument für Unmündige oder eine gesellschaftspolitisch bedeutsame Dimension menschlicher Lebenstätigkeit?

– In der Bildungspolitik trennen CDU/CSU und SPD/F.D.P. weltanschauliche Gegensätze. Nach wie vor hält die CDU/CSU am dreigeteilten, separierenden und auf drei soziale Gruppierungen zulaufenden Bildungssystem fest, strebt dagegen die SPD/F.D.P. ein gestuftes Gesamtschulsystem an, das auf Öffnung, Förderung, Chancengleichheit und Gleichwertigkeit der Ausbildungen angelegt ist. Die Unvereinbarkeit dieser Positionen hat zu einer Verhärtung in der bundesrepublikanischen Bildungspolitik geführt. Am Beispiel des sozialdemokratisch regierten Hessen zeigte sich, wie die Frage der Gesamtschulentwicklung zur parteipolitischen Glaubensfrage hochstilisiert wurde. An dieser Entwicklung hat die Linkslastigkeit der offiziellen hessischen Bildungspolitik nicht weniger schuld als die generelle Reformfeindlichkeit der CDU-Opposition in Hessen. Die hessischen Auseinandersetzungen wirken abstoßend und behindern den Reformwillen der übrigen Bundesländer.

– Im internationalen Vergleich verspätet, drängten aufgrund der umfassenden Bildungswerbung der sechziger Jahre Schüler und Studenten in die noch nicht aufnahmebereiten Schulen und Hochschulen. Der fehlende Grundkonsens über die gesellschaftliche Funktion unseres Bildungswesens hat flankierende Maßnahmen zur Steuerung dieses Massenandrangs verhindert. Die Reformvorhaben, die sich entweder erst in der Planung oder zu Beginn der Erprobung befanden, konnten nun nicht mehr mit der notwendigen Geduld und Sorgfalt durchgeführt werden. Da der zweite Schritt, die Werbung und damit die große Zahl der Ausbildungswilligen, vor dem ersten, den reformierten Ausbildungsstätten, getan wurde, macht man fälschlicherweise die Reformvorhaben für alle sich aus dieser Schüler/Studenten-Explosion ergebenden Fehlentwicklungen verantwortlich. Dabei hätte ein früher Konsens aller demokratischen Kräfte in der Bundesrepublik über ein freiheitlich demokratisches Bildungssystem diese Entwicklung verhindern können.

– Die sozial-liberale Koalition in Bonn zeigte seit 1971 Ermüdungserscheinungen hinsichtlich der einst so hoch angesiedelten bildungspolitischen Reformvorhaben. Der groß angekündigte und mit Schwung begonnene bildungspolitische Anlauf blieb stecken. In den Mittelpunkt des Interesses geriet in diesen Jahren die Ostpolitik. Der parteilose Bildungsminister Professor Leussink verließ bereits im Januar 1972 die Regierung Brandt/Scheel, ohne selbst seinen engsten Mitarbeitern seine Gründe dafür zu nennen. Ganz allgemein bestätigt das Nachlassen des bildungspolitischen Engagements dieser im Zeichen von Reformvorhaben angetretenen Regierung, daß außenpolitische, wirtschaftliche und soziale Fragen nach wie vor Vorrang vor bildungspolitischen haben, und die Bedeutung der Bildungspolitik als Kernstück der Gesellschaftspolitik auch von einer SPD/F.D.P. Regierung nicht genügend erkannt wird.

Hildegard Hamm-Brücher wäre nicht sie selbst, hätte sie vor diesen Schwierigkeiten resigniert.

Immer wieder fragte sie deshalb in den folgenden Jahren:

War es wirklich falsch, daß von 1965 bis 1975
- sich die staatlichen Bildungsausgaben von 16 Milliarden auf 60 Milliarden (um 275%) erhöhten?
- die Gesamtzahl der Lehrer an allgemeinbildenden Schulen von 258 000 auf 410 000 (um 59%) anstieg?
- die Gesamtzahl der Schüler an allgemeinbildenden Schulen von 7,3 auf 10 Millionen (um 37%) zunahm?
- die Studienanfänger an Hoch- und Fachschulen sich von 13% eines Jahrgangs auf 22% steigerten?
- die vermehrten Abiturienten- und Studentenzahlen vor allem darauf zurückzuführen sind, daß mehr Mädchen, mehr Arbeiter- und Bauernkinder die ihrer Begabung entsprechende Ausbildung erhielten?

Trotz aller Rückschläge, die die von ihr vertretene Bildungspolitik in den letzten Jahren erlitten hat, hat Hildegard Hamm-Brücher ihre Vision von einem freiheitlich-demokratischen Bildungswesen nicht aufgegeben. Für sie steht es in engem Zusammenhang zu der freiheitlichen Demokratie unseres Staatswesens, die es zu erhalten gilt. Und deshalb wiederholt sie immer wieder eindringlich, was sie 1976 schrieb:

Der deutschen Bildungspolitik fehlt vor allem der demokratische Grundkonsens. Dreißig Nachkriegsjahre – davon zwanzig Jahre intensiver Grundsatzdiskussion – zuerst im *Deutschen Ausschuß für das Erziehungs- und Bildungswesen* und dann im *Deutschen Bildungsrat* – haben nicht vermocht, diesen Konsens herzustellen. Für mich ist die Leidensgeschichte der Nicht-Reformen ein Alarmzeichen dafür, auf wie wackligen Füßen unsere demokratische Ordnung immer noch steht.

Bei aller Bereitschaft zur Geduld sollten wir uns nicht darüber hinwegtäuschen, daß die offenkundige Unfähigkeit zur konsequenten demokratischen Reform unseres Bildungssystems aus eigenem Wollen und mit eigenen Kräften eine alarmierende Entsprechung zu unserer staatlichen Demokratisierung insgesamt hat: Freiwillig und aus eigener Kraft haben wir sie nie geschafft. Dazu bedurfte es der zweimaligen Katastrophen und Zusammenbrüche. – Man kann nur hoffen, daß sich diese bittere politische Erfahrung nicht im Bereich von Gesellschaft und Bildung wiederholt. Die nach den Stürmen der Jahre 1967–1972 wieder eingekehrte Ruhe an der Bildungsfront könnte sich sehr rasch als trügerisch erweisen. Revolutionen waren noch immer die Folge versäumter oder verschleppter Reformen. Deshalb dürfen wir allen aktuellen Widrigkeiten zum Trotz weder vor ihnen noch vor den dahinter verborgenen Grundsatzentscheidungen kapitulieren. Es ist nicht erlaubt, sie einfach auf „bessere Zeiten", wenn wir „mal wieder mehr Geld haben", zu den Akten zu legen. Es ist geradezu fatal, wenn manche Leute schwierige Zeiten zum Vorwand für Nichthandeln nutzen und in den Ruf nach zweifellos gebotener Sparsamkeit und materieller Einschränkung gleich noch das politische Denken mit einschließen[44].

Bonner Staatssekretärin und bayerische Landtagsabgeordnete

Wer außer Hildegard Hamm-Brücher hätte bei der bayerischen Landtagswahl am 22. November 1970 die F.D.P. wieder in das Maximilianeum zurückführen können?

Ein besseres Zugpferd als die „Heilige Hildegard des Liberalismus", wie man sie im Wechsel mit dem Kürzel „H.B." in diesem Wahlkampf nannte, konnte sich die F.D.P. nicht wünschen.

Die seit mehr als zwei Jahrzehnten in Bayern als politische Institution bekannte Kulturpolitikerin, die die Hessen am liebsten in ihrer SPD/F.D.P. Landesregierung zur Kultusministerin erkoren hätten und die Bildungsminister Leussink in Bonn nur ungern für den Wahlkampf auslieh, brachte ihren oft erprobten Kampfesmut – „ich bin geradezu eine Spezialistin für aussichtslose Wahlkämpfe", sagte sie – als wichtigste Waffe in diesen Wahlkampf ein.

1966 hatten der F.D.P. 7500 Stimmen im Wahlkreis Mittelfranken gefehlt, um wieder in den Bayerischen Landtag einzuziehen. Nun sollte Hildegard Hamm-Brücher dort 80 000 Wähler gewinnen, damit die F.D.P. in einem der sieben Wahlkreise Bayerns die 10-%-Hürde nehmen würde, – nach speziell bayerischem Wahlrecht eine der Voraussetzungen für den Einzug in den Landtag. Im protestantischen Mittelfranken zwischen Nürnberg, Fürth und Erlangen erhoffte man sich diesen Erfolg. Hildegard Hamm-Brücher hatte im Sommer 1970 dem hartnäckigen Drängen der Parteifreunde nachgegeben und sich zu dieser Aufgabe bereit gefunden. Während in München im Herbst 1970 nicht allzuviel von Wahlkampfstimmung zu bemerken war, rührten in Mittelfranken vor allem die drei Parteien CSU, SPD und F.D.P. kräftig und lautstark die Wahltrommel.

Für seine CSU zog Franz Josef Strauß energisch alle Register der Polemik. Er verteufelte vor allem die Bonner sozial-liberale Koalition; aber auch über seine Gegnerin im bayerischen Wahlkampf und deren bildungspolitisches Engagement fand er nur wenig schmeichelhafte Worte. Der Landesvorsitzende der SPD, Volkmar Gabert, dagegen legte das Schwergewicht auf Fragen der Landespolitik und blieb bei aller Gegensätzlichkeit in der Sache seinen politischen Gegnern gegenüber fair. Hildegard Hamm-Brücher – von einem jungen dynamischen Wahlkampfteam und mehr als einem Dutzend Bürgerkomitees „Hildegard Hamm-Brücher zum Kultusminister" unterstützt – überzeugte das Wahlvolk mit detailliertem Wissen und einleuchtenden Analysen zur bildungspolitischen Situation der Bundesrepublik und Bayerns.

Sachlich, klar, nicht aus der Ruhe zu bringen – nur wenn die sie ständig begleitenden jugendlichen Anhänger der CSU allzu sehr störten, reagierte sie mit leichtem Spott und besonders charmant – machte sie deutlich, daß Bayern bildungspolitisch „weit zurückgefallen" und im Vergleich zu Hessen „dringend reformbedürftig" sei. Ihre Ausführungen waren gleichzeitig auch immer ein Bekenntnis zur sozial-liberalen Koalition und deren Bildungspolitik.

Mit geradezu sportlich zu nennendem Engagement hatte sich die nun beinahe Fünfzigjährige Ende September in die Endphase des Wahlkampfes gestürzt. Von montags bis donnerstags war sie Staatssekretärin in Bonn, von donnerstags bis sonntags Nonstop-Wahlkämpferin in Mittelfranken. Irgendwann sonntags nachmittags gelang es ihr meist, Mann und Kinder in München zu sehen.

Allzuviel Schlaf hat sie in diesen Wochen nicht gekannt. Oftmals war der Tag mit bis zu fünf Wahlversammlungen ausgebucht. Wie bei ihren Wahlkämpfen in der Vergangenheit war sie auch jetzt wieder mit Lautsprecherwagen unterwegs, sprach sie auf Wochenmärkten, vor Kaufhäusern, auf

Hildegard Hamm-Brücher als Wahlkämpferin
bei der bayerischen Landtagswahl 1970.

Mütternachmittagen bei Kaffee und Kuchen, in Turnhallen und rauchigen Kneipen. Oft diskutierte sie mit heiserer Stimme bis weit über Mitternacht mit den Bürgern, immer bemüht, die Bonner Bildungspolitik, die auch die bayerische werden sollte, aus dem Dschungel von Schlagworten und Mißverständnissen zu befreien und durch sachliche Argumente zu verdeutlichen.

Als am 22. November 1970 der Wahlsieg der F.D.P. feststand – von den für die F.D.P. in Mittelfranken insgesamt abgegebenen Stimmen von 205350 entfielen 102502 auf Hildegard Hamm-Brücher – galt sie bundesweit als Gewinnerin dieser Wahl. Die F.D.P., die ihr den Wiedereinzug ins Parlament verdankte, machte sie zur ersten weiblichen Fraktionsvorsitzenden. Nun war es selbstverständlich, daß sie das ihren mittelfränkischen Wählern gegebene Versprechen einlöste: die Rückkehr ins Maximilianeum und damit ihr intensives Mitwirken an der Landespolitik in München.

Von November 1970 bis Mai 1972 konnte man in Bonn dienstags spät abends die Staatssekretärin im Bildungsministerium, Akten unter dem Arm, den Schlafwagen des Nachtzuges nach München besteigen sehen. Den Mittwoch verbrachte sie – selten ausgeschlafen, dafür aber sorgfältig vorbereitet – im Maximilianeum. Der Mittwochabend gehörte einer Fraktionskollegin aus dem Münchner Landtag, mit der sie die notwendigen Absprachen traf und die weiteren Strategien festlegte. Donnerstags früh morgens saß sie im Flugzeug nach Bonn. Die Frühaufsteherin Hildegard Hamm-Brücher beginnt ihren 12 bis 14 Stunden Tag immer um 7,30 Uhr in ihrem Büro.

Wie sie heute sagt, befand sie sich damals in „einer scheußlichen Lage". Ihre Wähler, die sie am liebsten zum bayerischen Kultusminister gemacht hätten, erwarteten von ihr den versprochenen landespolitischen Einsatz, in Bonn beschworen sie ihre Mitarbeiter, ihre Aufgaben im Ministerium nicht im Stich zu lassen. Darüber hinaus sollte sie die bildungspolitischen Innovationen Freund und Feind verständlich machen, sich um ihre Wähler in Mittelfranken kümmern, ihre Aufgaben im Bundesvorstand und ab 1972 auch im Bundespräsidium der F.D.P. wahrnehmen und die Familie in München nicht gänzlich vernachlässigen. Hildegard Hamm-Brücher meint rückblickend, daß sie sich aus eigener Kraft aus diesen Verpflichtungen kaum zu befreien gewußt hätte. Sie sei am Rande ihrer physischen Leistungsfähigkeit gewesen, habe aber versucht, durchzuhalten oder doch auszuhalten, was sie sich selbst aufgeladen hatte. Da sprach Erwin Hamm ein Machtwort. Stets hatte er das politische Engagement seiner Frau unterstützt, obwohl er, wie er zu verstehen gibt, es sich am Anfang ihrer Ehe „nicht ganz so ausfüllend" vorgestellt hatte. Nun bestand er darauf, daß Hildegard Hamm-Brücher ihr Versprechen in München einlöste und das strapaziöse Doppelleben aufgab. Sie beugte sich dieser Meinung. In Bonn respektierte man zwar ihre Entscheidung, ließ sie aber nur ungern aus der Bundeshauptstadt ziehen.

Hildegard Hamm-Brüchers große Sachkenntnis, ihre stets couragierte Entscheidungsfreude, hatten sie im Bildungsministerium schwer ersetzbar gemacht. Für die F.D.P. war das Ausscheiden dieser kompetenten Kulturpolitikerin aus der Regierungsverantwortung ein Verlust für den liberalen Einfluß auf die bildungspolitischen Vorhaben der Koalition und den Bonner Koalitionsproporz.

Hildegard Hamm-Brücher bezeichnet die nun folgenden Münchner Jahre von 1972 bis 1976 im Bayerischen Landtag als „die erfolglosesten, ja lustlosesten und unergiebigsten meines politischen Lebens". Das mag von ihrer Warte aus gesehen stimmen.

Nimmt man aber Einsicht in die Landtagsprotokolle dieser Zeit, in ihre Reden, Stellungnahmen und Anträge, kann man dieser Beurteilung nicht folgen.

Nach wie vor betrieb sie ihr politisches Tagesgeschäft – nun allerdings auf einem enger begrenzten Raum und weniger im Rampenlicht stehend als bisher – mit Verve und Energie. Doch soll hier nicht die sich wiederholende tägliche Landtagspolitik gewürdigt, sondern an zwei Bemühungen erinnert werden, die ihr nicht erlahmendes Engagement in diesen Jahren verdeutlichen.

Zum einen: Dank des von ihr und der F.D.P. maßgeblich initiierten Volksbegehrens „Rundfunkfreiheit" – unterstützt auch von der SPD – kam es 1973 zu einem Volksentscheid gegen ein 1972 von der CSU im Landtag durchgesetztes Rundfunkgesetz. Dieses Gesetz sah verstärkten parteipolitischen Einfluß im Rundfunkrat vor und konkretisierte Pläne zur Installierung privater Rundfunk- und Fernsehstationen. „Die Landesleitung der CSU, Franz Josef Strauß an der Spitze", sagt Hildegard Hamm-Brücher, „hatte im Bayerischen Rundfunk eine ‚Reichsrundfunkkammer mit Linksdrall' geortet und hielt mit Blick auf Landtags- und Bundestagswahlen den Zeitpunkt für gekommen, den Bayerischen Rundfunk auf den ‚rechten Weg' zu bringen. Fast 26% der Wahlberechtigten sprachen sich beim Volksentscheid für eine Gesetzesänderung aus, die

die entscheidenden Ziele des Volksbegehrens enthielt:
,Festschreibung der öffentlich-rechtlichen Trägerschaft des
Rundfunks und Begrenzung der vom Landtag, der Staatsre-
gierung und vom Senat gestellten Mitglieder des Rund-
funkrats auf ein Drittel.'" Dem Versuch der CSU, die
Rundfunkfreiheit zu beeinflussen, war mit demokratischen
Mitteln Einhalt geboten worden.

Zum anderen: Seit vielen Jahren bestimmte Hildegard
Hamm-Brücher entscheidend den bildungspolitischen
Kurs der F.D.P. mit. Als eine der engagiertesten Streiterin-
nen auf liberaler Seite wartete sie Anfang der siebziger
Jahre mit zwei großen Reformvorschlägen zur Bildungspo-
litik auf: einmal mit den Bildungsvorstellungen von der
„Offenen Schule" und „Offenen Hochschule", die die
„Stuttgarter Leitlinien einer liberalen Bildungspolitik", das
Bildungsprogramm der F.D.P. von 1972, bestimmten, und
weiter mit dem „Hamm-Brücher-Plan" zur Neuordnung
des tertiären Bildungsbereichs.

„Offene Schule" und „Offene Hochschule", diese liberalen Gesamtschul- und Gesamthochschulmodelle bekräftigen einen Grundsatz: Die Bildung in Schule und Hochschule soll den unterschiedlichen Fähigkeiten der Menschen gerecht werden, diese optimal entfalten und bei einer
adäquaten Berufsfindung und Lebensgestaltung behilflich
sein. Die Ausbildung und lebenslange Weiterbildung teilt
sich hier in vier Bereiche: den „Elementarbereich" (für die
Drei- bis Fünfjährigen), die „Offene Schule" mit Primarbe-
reich (Eingangsstufe zwei und Grundstufe drei Jahre), Se-
kundarbereich I (Mittelstufe ca. sechs Jahre), Sekundarbe-
reich II (Oberstufe zwei bis drei Jahre) und daran anschließend „Offene Hochschule" und „Weiterbildung".

Sowohl bei der „Offenen Schule" wie der „Offenen
Hochschule" stehen allgemeinbildende und berufsbildende
Ausbildungsgänge gleichrangig nebeneinander, sind flexi-
ble Übergänge und gleichwertige Abschlüsse vorgesehen.

Bei der Organisation der „Offenen Schule" ist innerhalb
der einzelnen Bereiche für die Altersjahrgänge an inhaltli-

che und organisatorische Gemeinsamkeiten gedacht. Doch hiervon abgesehen, soll die Unterrichtung in Kernbereichen, Schwerpunktbereichen und freien Interessenbereichen vor sich gehen. Immer wieder wird damit auf die individuelle Förderung des einzelnen Menschen verwiesen, die diese Schulausbildung garantieren soll.

Von gleichem Geist sind auch die Pläne zur „Offenen Hochschule" und zur „Weiterbildung" und erst recht der „Hamm-Brücher-Plan".

Angesichts der sich verschärfenden Numerus-clausus-Situation an den bundesdeutschen Hochschulen legte Hildegard Hamm-Brücher diesen Plan vor, der die radikale Umgestaltung des tertiären Bildungsbereichs vorsah und auf „Zuteilung" von Studienplätzen verzichtete. Nach ihm sollten alle Jugendlichen eines Jahrganges, die ihre zwölfjährige Schulzeit beendet hatten, ein ein- bis zweijähriges Grundstudium durchlaufen. Die ehemaligen Schüler der allgemeinbildenden Schulen sollten während eines einjährigen Grundstudiums ein zehnwöchiges Arbeitspraktikum ableisten, die aus dem berufsbildenden Zweig kommenden jungen Leute dagegen ein zweijähriges Grundstudium ohne Arbeitspraktikum.

Am Ende des Grundstudiums sollte eine Abschlußprüfung über die weitere Ausbildung entscheiden. Ein „qualifizierter" Abschluß sollte zu einem dreijährigen Hauptstudium, ein „bestandener" Abschluß zu einer Ausbildung an einer nicht der Universität angeschlossenen Ausbildungsstätte (z. B. an einer Fachschule für medizinische und technische Assistentenberufe) berechtigen; wer ohne Qualifikation sein Grundstudium beendete, sollte während seiner Berufstätigkeit nochmals die Gelegenheit erhalten, die Prüfung nachzuholen. Als Abschluß des dreijährigen Hauptstudiums, das auch berufspraktische Phasen einschließen sollte, war ein Diplomexamen vorgesehen.

Nach dieser Diplomprüfung sollten grundsätzlich alle ehemaligen Absolventen des Hauptstudiums für mindestens zwei Jahre die Hochschulen verlassen und eine berufspraktische Ausbildung oder Tätigkeit aufnehmen. (Lehrer, Juristen, Mediziner sollten während dieser Zeit mit der zweiten Phase ihrer Ausbildung beginnen.) Erst nach dieser erfolgreich abgeschlossenen berufspraktischen Ausbildung war eine Neuimmatrikulation zu einem „Aufbaustudium" möglich. Sein Ziel war das Studium eines weiteren Fachs, die Promotion oder die Ergänzung oder Vertiefung des Studiums. Jeder Absolvent eines Hauptstudiums sollte während seiner späteren Berufstätigkeit das Recht haben – Lehrer, Ärzte, Juristen, Staatsbeamte sollten verpflichtet sein –, alle fünf Jahre an vier- bis achtwöchigen Kontaktstudiengängen teilzunehmen.

Neben Ralf Dahrendorfs Thesen von „Bildung als Bürgerrecht", die die Verpflichtung des Staates gegenüber dem Bildungsanspruch des einzelnen Bürgers deutlich machten, standen in diesen Jahren Hildegard Hamm-Brüchers detaillierte, auf Erprobung und Anwendbarkeit gerichtete Reformvorschläge zur Diskussion. Auf den Bundesparteitagen 1969 in Nürnberg und 1971 in Freiburg zeichnete sich – initiiert von diesen beiden Protagonisten liberaler Bildungspolitik – ein neues Verständnis der Partei für die Bildungspolitik ab.

Mit den am 18. März 1972 im Bundeshauptausschuß in Stuttgart vorgelegten „Leitlinien einer liberalen Bildungspolitik" ersetzte die F.D.P. das bisher gültige kulturpolitische Programm aus dem Jahr 1950 und trug damit zum ersten Mal offiziell der Bedeutung der Bildungspolitik in einem modernen Staat Rechnung. Diese Leitlinien zu Fragen der Bildungspoltik sind überwiegend Hildegard Hamm-Brüchers Werk.

Aus ihnen sollen hier stellvertretend für die zahlreichen Veröffentlichungen aus ihrer Feder – die Themen reichen von der Vorschulerziehung bis zur Erwachsenenbildung, von der Kollegschule bis zu Bildungsmodellen für Behinderte, von der Curriculum- bis zur Numerus-clausus-Diskussion – Ausschnitte aus dem Kapitel 1 „Bildungsziele der Freien Demokraten" wiedergegeben werden, weil hier gültig ihre grundsätzlichen Überlegungen zusammengefaßt sind.

(Foto: Fritz Reiss)

Hildegard Hamm-Brücher
mit Josef Ertl und Hans-Dietrich Genscher
im Bayerischen Landtagswahlkampf 1974.

1. Selbstbestimmung des einzelnen

Die F.D.P. tritt in ihrer gesamten politischen Konzeption dafür ein, die Selbstbestimmung und Verantwortlichkeit des einzelnen zu erweitern.

Selbstverständlich sind dem Freiheitsspielraum des einzelnen durch seine sozialen und rechtlichen Bindungen und Verpflichtungen Grenzen gesetzt. Gewiß verändert auch die technische Zivilisation seinen Handlungsspielraum. Immer ist jedoch die Frage zu stellen, wo diese Grenzen liegen, wer sie setzt und ob sie nicht zugunsten einer erweiterten Selbstbestimmung ausgedehnt werden können.

Selbstbestimmung ist nicht nur Grundlage der Menschenwürde, sie ist zugleich auch Voraussetzung für Mitbestimmung: Wird Mitbestimmung nicht vom selbständigen Urteil und der freien Entscheidung des einzelnen getragen, so ist sie Gedankenlosigkeit, Manipulation oder Gesinnungszwang. Eine demokratische Gesellschaft ist also auf die Selbständigkeit und Originalität des einzelnen angewiesen. Diese Fähigkeiten müssen möglichst früh entwickelt werden. Das bisherige Bildungssystem hat die Selbstbestimmung weitgehend verhindert: Nur in Ausnahmefällen hatten Schüler, Lehrlinge und Studenten selbst Einfluß auf Ziele und Inhalte ihres Bildungsganges.

Das gesamte Bildungssystem muß ermöglichen, daß schon Kinder und Jugendliche mit zunehmendem Alter befähigt werden, auch in zunehmendem Maße selbständig Ziele zu setzen und verfolgen zu können und ihren Ausbildungsgang verantwortlich mitzugestalten. Die F.D.P. berücksichtigt insofern neben dem Elternrecht verstärkt das Recht des Kindes.

2. Demokratisches Handeln

Demokratisches Handeln kann nur in demokratisch verfaßten und geleiteten Institutionen erlernt werden. Die F.D.P. tritt für eine durchgehende innere Demokratie des Bildungssystems ein.

Demokratisches Handeln heißt, in sozialen Zusammenhängen gemeinsam Entscheidungen durch umfassende Information vorzubereiten, Handlungen und Entscheidungen in ihrer Wirkung auf andere zu beurteilen, kritisch rational begründete Entscheidungen zu treffen, Möglichkeiten der Verwirklichung zu erkennen, sowie Verantwortung für Entscheidungen und Handlungen zu tragen. Das bedeutet einerseits praktische Anwendung demokratischer

Prinzipien und Regeln in den Bildungsinstitutionen selbst, andererseits – als Voraussetzung – dauerndes Bemühen um Chancengleichheit.

Die Anwendung demokratischer Prinzipien und Regeln verträgt sich nicht mit unbefragbarer Autorität und deren hierarchischer Ausprägung. Sie bedeutet: Aufbau der Institutionen nach demokratischen Prinzipien und Anforderungen, Delegation von Entscheidungen an legitimierte Gremien, Abgrenzung und Kontrolle des Entscheidungsspielraumes und Öffentlichkeit und Transparenz der Entscheidungsprozesse.

Die Herstellung gleicher Bildungschancen ist Grundlage einer sozialen Demokratie. Denn in jeder gegenwärtigen und zukünftigen Gesellschaft wird es milieubedingte Unterschiede geben. Auch in einer sozial gerechten Gesellschaft wird es Kinder geben, die durch ihre familiäre Erziehung weniger Anregung und Unterstützung erfahren, als andere. Für ein staatliches Bildungssystem ergibt sich daher die permanente Verpflichtung, die benachteiligten Kinder besonders zu fördern, damit sie in gleicher Weise mit anderen ihre demokratischen Rechte und Handlungsmöglichkeiten wahrnehmen können.

3. Leistungsentfaltung

Formen der Anpassungsleistung, die im wesentlichen von oben vorgeschrieben wurden, sind einzuschränken, statt dessen ist ein individuell motiviertes und kooperatives Leistungsverhalten zu entwickeln.

Die wissenschaftlich-technische Zivilisation verlangt bestimmte Leistungen, die von jedem einzelnen erbracht werden müssen. Andererseits schafft aber technische Zivilisation Freiheitsräume. Der einzelne muß befähigt werden, diese Freiheit sowohl in Bezug auf seine Person als auch in Verantwortung gegenüber anderen zu nutzen. Dies ist nur möglich, wenn der einzelne selbst Ziele seines Handelns setzen und vernunftbestimmtes Handeln erreichen kann.

Diese Möglichkeiten können jedoch nur dann für jeden einzelnen verwirklicht werden, wenn für alle die gleichen Bildungschancen bestehen.

Als liberale Partei geht die F.D.P. dabei von zwei Grundsätzen aus:

1. Benachteiligte Lernende sollen durch soziale Integration, durch größeren und gezielten Unterrichtsaufwand, durch kleinere Lerngruppen, durch spezielle Lernkurse und andere didaktische Maßnahmen in jeder Weise unterstützt werden. Der Chancen-

ausgleich darf jedoch nicht durch Behinderung der Entwicklung anderer Lernender erreicht werden. Das Recht auf freie Bildung und Entfaltung der Persönlichkeit darf durch keine erzwungene Nivellierung verletzt werden.

2. Damit die Lernenden ihre Chancen dauerhaft wahrnehmen können, muß das Bildungssystem durchgehend offen sein: An keiner Stelle darf unabänderlich der zukünftige Bildungsgang des Lernenden festgelegt werden.

Die F.D.P. fordert aus diesem Grunde die Einführung der Vorschule, ein ganztätiges Schulangebot, die Integration des Schulsystems und ständige Weiterbildungsmöglichkeiten in der Offenen Hochschule und den Institutionen der Weiterbildung. In der Vorschule werden Entwicklungs- und Bildungsdefizite durch ein frühes und reichhaltiges Spiel- und Lernangebot ausgeglichen; in der Ganztagsschule wird dieses Angebot erweitert und verstärkt; in der Gesamtschule schließlich erfolgt der Chancenausgleich durch soziale Koedukation und spezielle Förderungseinrichtungen.

Im bisherigen Schulsystem mußten die Schüler im wesentlichen den vorgeschriebenen Lernstoff reproduzieren. Es gibt jedoch auch Leistungen, die auf Interesse und eigener Motivation beruhen. Es ist erwiesen, daß gerade Kinder und Jugendliche erstaunlich produktive Leistungen erbringen, wenn man ihre Interessen weckt und berücksichtigt.

Die Reform dieses Bildungsziels besteht darin, ein individuell motiviertes und kooperatives Leistungsverhalten zu entwickeln und Anpassungsleistungen einzuschränken.

Staatsministerin im Auswärtigen Amt

Die Wahl zum Achten Deutschen Bundestag am 3. Oktober 1976 brachte Hildegard Hamm-Brücher einen Abgeordnetensitz in Bonn. Damit waren die, wie sie sagt, seit der Landtagswahl 1974 „frustrierenden Zeiten" im Maximilianeum vorüber.

Dort hatte die F.D.P. 1974 nur neun Abgeordnetensitze erreicht. Entsprechend der Geschäftsordnung des Bayerischen Landtags, nach der eine Fraktion aus mindestens zehn Abgeordneten bestehen muß, wurde den neun F.D.P.-Abgeordneten der Fraktionsstatus vorenthalten. Hildegard Hamm-Brücher nahm damals an, daß sich diese Maßnahme gegen sie wende. Die erbitterten und auch verletzenden Landtagskontroversen der fünfziger und sechziger Jahre wirkten noch nach. Erneut fühlte sie sich jenem Ungeist ausgesetzt, auf den sie 1964, als man sie mit dem Bayerischen Verdienstorden auszeichnen wollte, in ihrem Ablehnungsschreiben an Ministerpräsident Goppel hingewiesen hatte. Damals schrieb sie unter anderem: „Während meiner dreizehnjährigen Tätigkeit im Bayerischen Landtag habe ich eigentlich nie das Gefühl haben können, daß sie von der derzeitigen Regierung oder Regierungspartei als besonders verdienstvoll angesehen wurde. Im Gegenteil, wenn ich an die ausgesprochene Abneigung, ja den gelegentlichen Haß denke, mit dem mein politisches Tun und Lassen begleitet wurde, so vermag ich an irgendwelche persönliche Verdienste selber nicht zu glauben." [45]

Heute sieht sie die Ereignisse von 1974 und deren Begleitumstände wie: die drastische Kürzung der Finanzmittel für die Fraktionsarbeit, den kleinlich schikanösen Entzug des Telefons an ihrem Abgeordnetenplatz im Plenum und vor allem die politisch hinderliche Begrenzung der Redezeit bei Debatten gelassener. Damals jedoch – man kann es sich bei der äußerlich stets distanziert und überlegen auftretenden Hildegard Hamm-Brücher, die aber ein hochsensibler und impulsiver Mensch ist, kaum vorstellen – reagierte sie aufgebracht und, wie sie heute meint, „überempfindlich". Sie konnte nicht verstehen, daß eine Partei, die durch das Votum der Wähler die Fünf-Prozent-Hürde geschafft und damit einen klaren Wählerauftrag hatte, nun durch eine weitere Klausel an politisch wirksamer Parlamentsarbeit gehindert werden sollte. Die Geschäftsordnung schien ihr widersinnig. Doch eine Verfassungsbeschwerde, die sie beim Bayerischen Verfassungsgericht vorlegte, wurde abgewiesen. – Angesichts der fortgesetzen Münchner Querelen kam ihr ein Sitz im Bonner Parlament als geradezu idealer Arbeitsplatz vor. Die bayerische F.D.P. hatte damals ein Einsehen und ließ die prominente „Fraktionsführerin", wie sie nun hieß, an den Rhein ziehen.

Während der Wahl Helmut Schmidts zum Bundeskanzler im Herbst 1976 setzte sich Außenminister Hans-Dietrich Genscher zu dem Bonner Parlamentsneuling. Er hielt eine Tageszeitung in der Hand, die, wie es die Presse in den vorausgegangenen Tagen wiederholt getan hatte, die Nachricht verbreitete, daß Hildegard Hamm-Brücher den Posten des Staatsministers im Auswärtigen Amt übernehmen werde.

Bisher hatte sie diese Nachricht für ein schieres Gerücht gehalten. Nun wurde sie von Außenminister Genscher mit der Feststellung überrascht: „Sie haben ja wohl schon gelesen, was ich mit ihnen vorhabe." Zunächst zögerte sie, die neue Aufgabe zu übernehmen. Sie erbat sich achtundvierzig Stunden Bedenkzeit, um mit sich selbst und der Familie in München zu Rate zu gehen. Der „Familienrat" war damals geteilter Meinung. Florian und Verena Hamm, fast erwachsene junge Menschen, waren der Ansicht, daß sich

ihre Mutter nicht erneuten Strapazen aussetzen sollte. Die
Begründung „zu alt" fiel zwar nicht, rücksichtsvoll um-
schrieben aber hieß es: „Das ist doch viel zu anstrengend
für dich, du bist doch jetzt schon eine Frau in der zweiten
Hälfte der Fünfziger, da fängt man nichts Neues mehr an."
– Erwin Hamm machte dagegen seiner Frau Mut. Er zer-
streute ihre Zweifel, ob sie der unbekannten und zweifellos
strapaziösen Arbeit gewachsen sei. Er meinte, daß sie sich
als neue Bonner Abgeordnete wesentlich besser zurechtfin-
den werde, wenn sie sofort ein Amt bekleide.

Vielseitigkeit und Umfang der Aufgabe waren allen Be-
teiligten bekannt: die Vertretung des Außenministers im
Bundestag; im Europarat und der Westeuropäischen
Union, die Kontaktpflege zu den europäischen Staaten, die
nicht zur Europäischen Gemeinschaft (EG) gehörten, und
zur Dritten Welt und vor allem die Auswärtige Kulturpoli-

(Privatbesitz)

Hildegard Hamm-Brücher mit Miriama Ba, Senegal,
auf der Frankfurter Buchmesse (1980).
Hinter Hildegard Hamm-Brücher in der zweiten Reihe rechts
Dr. Erwin Hamm.

tik. Erwin Hamm sah für seine Frau gerade in diesem letzten Tätigkeitsbereich eine ideale Aufgabe, die ihren Neigungen und Fähigkeiten entgegen kam.

Für Hildegard Hamm-Brücher bedeutete die Übernahme dieses Amtes – in dem sie Karl Moersch Ende 1976 ablöste – noch einmal einen beruflichen Neubeginn. Er leitete eine zwar anstrengende, doch lohnende und erfreuliche Zeit ein, die „bunteste meines Lebens", wie sie sagt, „und diejenige, die mir das Gefühl gegeben hat, hier hast du Spuren hinterlassen."

Auswärtige Kulturpolitik – was bedeutete sie im Jahre 1976? War sie wirklich nur die zwar reizvolle, doch letztlich entbehrliche „Säule" der Außenpolitik, die den beiden tragenden Säulen, den diplomatischen und wirtschaftlichen Beziehungen, zur Dekoration diente? Welche Aufgaben hatte sie nach dem Zweiten Weltkrieg übernommen? Welchen Einlfluß nahmen die 18 Thesen zur Auswärtigen Kulturpolitik, die Ralf Dahrendorf und Professor Hansgert Peisert nach dem „Machtwechsel" 1969/70 entwickelt hatten? Wie konnte man die 500 Empfehlungen in die Tat umsetzen, die eine Enquête-Kommission des Bundestages in den Jahren 1971–1975 zur Verwirklichung dieser Leitsätze erarbeitet hatte und die im Mai 1976 vom Parlament verabschiedet worden waren?

Hildegard Hamm-Brücher hatte sich im Laufe ihrer ersten Bonner Jahre (1969–72) den Ruf einer unermüdlichen, gewissenhaften und initiativ-schöpferischen Arbeiterin erworben. Sie meint, dies sei einer der Hauptgründe zu ihrer Berufung ins Auswärtige Amt gewesen. Sollten derartige Überlegungen bestanden haben, so wurden sie gerechtfertigt. Schon im September 1977 legte sie als offizielle Antwort der Bundesregierung eine „Stellungnahme zum Bericht der Enquête-Kommission Auswärtige Kulturpolitik des Deutschen Bundestages" vor, in der zum ersten Mal für die Bundesrepublik ein verbindliches Konzept zur Auswärtigen Kulturpolitik vorgestellt wurde. Hildegard Hamm-Brücher sah in der Auswärtigen Kulturpolitik niemals nur die „dritte Säule" der Außenpolitik, sondern von Anfang an deren „dritte Dimension". Diese Begriffswandlung macht ihre Einschätzung deutlich. Für sie gewannen „Höhe" und „Breite", die diplomatischen und wirtschaftlichen Bemühungen, erst durch die stabilisierende „Tiefe" kultureller Beziehungen Gestalt.

Sie hoffte, daß Auswärtige Kulturpolitik dazu beitragen könne, in dieser waffenstarrenden Welt Friedenspolitik durchzusetzen, daß es ihr gelänge, durch besseres Verstehen und durch Verständigung zwischen den Völkern Vertrauen und Verständnis zu wecken und einzuüben.

Oft bezeichnete sie die Auswärtige Kulturpolitik als „Weltinnenpolitik", die dazu da sei, die politischen, gesellschaftlichen, kulturellen und sprachlichen Grenzen in der Welt zu überwinden.

Orientiert an der bundesdeutschen Außenpolitik unterstützte damals die Auswärtige Kulturpolitik, die unter Hildegard Hamm-Brüchers Einfluß zu einem wichtigen Instrument wurde:

– das politische Zusammenwachsen Europas
– die Friedenssicherung und eine realistische Entspannungspolitik
– den Interessenausgleich zwischen Industrie- und Entwicklungsländern und vor allem auch die eigenständige Entwicklung der Länder der Dritten Welt[46].

Daß Auswärtige Kulturpolitik überhaupt derart entscheidend zur Außenpolitik hinzugezogen wurde, hatte in Bonn bisher kaum Tradition. Erst Ende der fünfziger Jahre hatte man unter dem damaligen verdienstvollen Leiter der Kulturabteilung, Dieter Sattler, damit begonnen, den Kulturbeziehungen der Bundesrepublik mit dem Ausland wieder größere Bedeutung beizumessen, sie als Möglichkeit zu gebrauchen, das „andere", das „bessere" Deutschland zu präsentieren und als einen Beitrag zur „Sympathiewerbung" zu verstehen. „Unsere politische Vergangenheit sollte sozusagen mit unserer kulturellen Vergangenheit bewältigt werden", urteilt Hildegard Hamm-Brücher über diese Bestrebungen.

Nach dem „Machtwechsel" von 1969/70 entwarf dann Ralf Dahrendorf eine neue Konzeption. Vier der Dahrendorfschen Thesen waren Hildegard Hamm-Brücher für das neue Selbstverständnis dieser „dritten" Dimension und deren Mitwirkung an der Außenpolitik so wichtig, daß sie sie oft zitierte. Sie lauten:

1. Die Auswärtige Kulturpolitik ist ein tragender Pfeiler unserer Außenpolitik. Sie folgt jedoch ihren eigenen Gesetzen – insofern nämlich, als sie unabhängig von tagespolitischen Erfordernissen ist und langfristige Ziele im Auge hat.

2. Dem Kulturaustausch liegt nicht nur der traditionelle, mehr schöngeistige Kulturbegriff zugrunde, sondern ein „erweiterter Kulturbegriff", der die ganze Bandbreite der geistigen Werte unseres Volkes umfaßt. Ihr Adressat sind auch nicht nur kleine intellektuelle und künstlerische Eliten, sondern alle gesellschaftlichen Gruppen, die sich von uns ansprechen lassen.

3. Die Auswärtige Kulturpolitik erschöpft sich nicht in bloßer Selbstdarstellung; sie sieht also in anderen Völkern nicht nur das Objekt deutscher Informationspolitik, sondern den gleichberechtigten Partner kultureller Zusammenarbeit. Ein echter Kulturaustausch kommt nach unserer Überzeugung nur dann zustande, wenn beide Seiten geben und nehmen.

4. Trotz der Entstehung von zwei deutschen Staaten auf dem Boden des Deutschen Reiches geht unsere Auswärtige Kulturpolitik weiterhin von der Einheit der deutschen Nation, der deutschen Sprache und deutschen Kultur aus."[47]

Das entscheidend Neue an diesen Thesen war der Gedanke, daß die Auswärtige Kulturpolitik von nun an unter der Bedingung des Gebens und Nehmens vor sich gehen sollte, sich also nicht mehr ausschließlich auf Präsentation deutschen Kulturgutes bezog, sondern einen Kulturaustausch auf der Basis partnerschaftlicher Zusammenarbeit erstrebte.

Eine weitere wichtige Komponente war, daß der Kulturbegriff nunmehr außer den klassischen Bereichen wie Wissenschaft-, Kunst- und Sprachvermittlung auch noch viele andere Aspekte des gesellschaftlichen Lebens wie Sport, Begegnungen zwischen Gewerkschaften, Frauen- und Jugendverbänden, Städtepartnerschaften umfassen sollte.

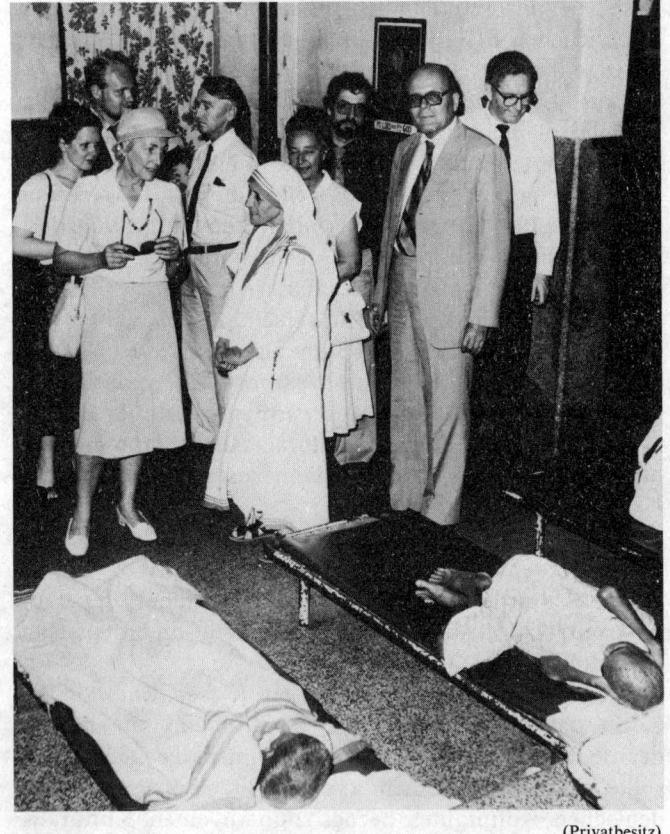

(Privatbesitz)

Hildegard Hamm-Brücher bei Mutter Theresa
auf der Station in Kalkutta.

In der „Stellungnahme zum Bericht der Enquête-Kommission Auswärtige Kulturpolitik des Deutschen Bundestages" legte 1977 Hildegard Hamm-Brücher, wie bereits erwähnt, Ziele und Bedingungen zur Verwirklichung dieser Gedanken vor. Die Umsetzung verlangte nach einer quantitativen und qualitativen Neugestaltung der Auswärtigen Kulturpolitik, die Hildegard Hamm-Brücher in den nachfolgenden Jahren einleitete und auf den Weg in die achtziger Jahre brachte.

Für alle Bereiche – unter anderem die Auslandsschulen, die Goethe-Institute, die Sprachförderung, den Wissenschafts-, Studenten- und Hochschullehreraustausch, die Vermittlung von Kunst und Kultur (Vorträge, Ausstellungen, Theateraufführungen, Filme, Lesungen), die Städtepartnerschaften und Sportveranstaltungen – suchte und fand man neue Formen der Begegnung zwischen der eigenen und den fremden Kulturen.

Die Angehörigen der bundesdeutschen Auslandsinstitutionen traten von nun an nicht mehr nur als Lehrende, sondern auch als Lernende auf, die sich der kulturellen Szene des Gastlandes öffneten und partnerschaftliche Beziehungen erstrebten.

Arbeitsergebnisse der Legislaturperiode 1976–1980 waren:

– der Sprachatlas – der eine Analyse der Verbreitung der deutschen Sprache in der Welt bot (1976)
– der Rahmenplan für die Auswärtige Kulturpolitik im Schulwesen, der den Auslandsschulen empfahl, sich dem Gastland und seiner Kultur zu öffnen (1978)
– die Neukonzeption der Kulturbeziehungen zu den Ländern der Dritten Welt, die dazu aufrief, den Entwicklungsländern nicht unsere europäische Kultur aufzuzwingen, sondern ihnen zu helfen, ihre eigene Kultur zu entwickeln
– die Vorbereitung einer Kulturzeitschrift und Herausgabe eines Schulinformationsblattes „Begegnung" (1980)[48]

In diesen Jahren steigerten sich die Ausgaben für internationale Kulturbeziehungen von 308,3 Millionen DM in 1970 auf 640,3 Millionen DM in 1980, also um 108 Prozent.

Zu einer großartigen und überzeugenden Darstellung der neuen Kulturpolitik, dessen, was man bereits erreicht hatte, und dessen, was man noch erstrebte, wurde das Symposium „Internationale Kulturbeziehungen – Brücke über Grenzen", zu dem die „Vereinigung für Internationale Zusammenarbeit" und die ihr angeschlossenen Mittlerorganisationen (Alexander-v.-Humboldt-Stiftung, Carl-Duisberg-Gesellschaft, Deutscher Akademischer Austauschdienst, Deutscher Entwicklungsdienst, Deutsche Stiftung für internationale Entwicklung, Goethe-Institute, Institut für Auslandsbeziehungen, Inter Nationes) vom 26. bis 30. Mai 1980 nach Bonn eingeladen hatten. Unter Hildegard Hamm-Brüchers Vorsitz hatte eine Arbeitsgruppe in einjähriger Vorbereitung und mit finanzieller Unterstützung des Auswärtigen Amtes diese internationale Tagung ausgerichtet, die Bilanz zog über die „Bedeutung, die Möglichkeiten und die Anforderungen an internationale Kulturbeziehungen als ein entscheidend wichtiges Instrument der zwischenstaatlichen, zwischengesellschaftlichen und zwischenmenschlichen Begegnungen, des Austauschs, der Verständigung und der Zusammenarbeit."[49] –

Es war eine hochkarätige Versammlung von mehr als 400 aus 54 Ländern stammenden Vertretern der Wissenschaft, Politik, Diplomatie, Kulturinstitute, Ministerien, Medien, Gewerkschaften, Verlage, Studenten, die sich im Bonner Wissenschaftszentrum traf. Ein vorzügliches Programm füllte diese vier Tage. In Vorträgen und Arbeitskreisen über „Sprache", „Kultur", „Wissenschaft", „Bildung und Ausbildung", „Medien", „Gast im Inland – Partner im Ausland" wurde darauf hingewiesen, wie „Grenzen überwunden" werden können.

Öffentliche Podiumsdiskussionen zu Themen wie „Kulturbeziehungen zwischen demokratischen Industriegesellschaften" und „Kulturbeziehungen zur Dritten Welt" wurden von der Bonner Bevölkerung gut besucht. Hatten zu Beginn der Tagung neben anderen Hans Ulrich Klose, Präsident des Bundesrates, in Vertretung des Bundespräsidenten Professor Karl Carstens und Außenminister Hans-Dietrich Genscher gesprochen, so ergriffen zum Abschluß zunächst Dr. Bernhard Vogel, Ministerpräsident von Rheinland-Pfalz, dann Bundeskanzler Helmut Schmidt und zum Schluß Leopold Sédar Senghor, Präsident der Republik Senegal, das Wort. In vielen Reden klang die Anerkennung wieder, die man der Initiatorin und Organisatorin dieser Tagung zollte.

Nach Ansicht von Hildegard Hamm-Brücher bestätigte dies Symposion, daß die Neukonzeption der Auswärtigen Kulturpolitik richtig war. „Internationale Kulturbeziehungen", so sagte sie in ihrem Einleitungsreferat am 26. Mai 1980, „sollen nicht den passiven Kulturkonsum fördern, sondern zur inneren Beteiligung an Begegnungen, Austausch und persönlicher Horizonterweiterung führen. Die gemeinsame Beschäftigung mit gemeinsamen Problemen und ihre geistig-kulturelle Bewältigung können Menschen und Völker zusammenführen und Verständigungsprozesse in Gang setzen, die ihre eigene Wirkungskraft entfalten."[50]

Die Staatsministerin im Auswärtigen Amt war aber nicht nur, wie sie sich selbstironisch bezeichnete, die „Kulturtante", sondern auch die „Ko-Pilotin des Außenministers".

In dieser Eigenschaft hatte sie ihn in Bonn während seiner Abwesenheit – und Außenminister Hans-Dietrich Genscher war viel unterwegs – zu vertreten. So saß sie unter anderem an seiner Stelle mit am Kabinettstisch, vertrat ihn bei Besuchen ausländischer Staatsgäste, eröffnete in seinem Namen Tagungen und Ausstellungen, stand in der Fragestunde des Deutschen Bundestages für ihn Rede und Antwort. Notwendigerweise war sie mit allen Problemen der bundesdeutschen Außenpolitik in diesen Jahren vertraut.

Die entscheidenden außenpolitischen Treffen, die Begegnungen mit den führenden europäischen Staatsmän-

(Bundesbildstelle, Bonn)

Hildegard Hamm-Brücher wird von Bundeskanzler Helmut Schmidt aus dem Amt der Staatsministerin verabschiedet (17.9.1982).

nern und denen der westlichen und östlichen Großmächte behielt sich der Außenminister selbst vor. Doch vertrat sie ihn auch auf vielen ebenfalls wichtigen Auslandsreisen. So reiste sie im Auftrag des Auswärtigen Amtes in die Ostblockstaaten: Polen, Bulgarien, Rumänien, Tschechoslowakei, dreimal nach Israel und Ägypten, mehr als ein Dutzend Mal in Afrikanische Staaten, zweimal nach Südamerika, viermal nach Süd-Ost-Asien: Burma, Nepal, Thailand, Sri Lanka und nach Indonesien, Malaysia, Malediven. In Japan, Rumänien, Kenia, Singapur, Athen eröffnete sie neue Goethe-Institute.

Eine weitere wichtige Aufgabe wurde ihr 1981 übertragen. Zur Pflege der bilateralen Beziehungen zwischen den USA und der Bundesrepublik, wie sie von Präsident Ronald Reagan und Bundeskanzler Helmut Schmidt vereinbart worden waren, wurde sie zur deutschen Koordinatorin dieser Beziehungen ernannt. Auf amerikanischer Seite nahm diese Aufgabe der damalige Staatssekretär im State Department Larry Eagleburger wahr.

Die deutsch-amerikanische Zusammenarbeit sollte – nachdem unter Präsident Carter Männer und Frauen mit der Regierungsarbeit betraut worden waren, die von den nach dem Kriege gewachsenen engen Beziehungen zwischen Amerika und der Bundesrepublik wenig wußten – wieder intensiviert werden. Die ehemals von gleichen Zielsetzungen, Wertvorstellungen und gegenseitigem Respekt geprägte atlantische Allianz sollte wieder zu ihrer früheren Bedeutung kommen. Enge Beziehungen zwischen den Bürgern der beiden Nationen, Austausch von Parlamentariern, Wissenschaftlern, Studenten, Schülern sollten diesem Ziel dienen. Zur Wahrnehmung dieser Aufgabe reiste Hildegard Hamm-Brücher in den Jahren 1981/82 mehrmals nach Washington ins State Departement, hielt Vorträge, leitete deutsch-amerikanische Konferenzen und initiierte ein Schüleraustauschprogramm dessen Patenschaft der deutsche Bundestag und der US-Kongreß übernahmen.

Niemand sollte sich indessen der Illusion hingeben, derartige Besuche in fremden Ländern und Kontinenten seien angenehme Unterbrechungen der Bonner Ministeriumsarbeit. Natürlich befriedigten sie Hildegard Hamm-Brüchers Weltneugierde, erweiterten und vertieften ihr Wissen und ihr Verständnis. Doch verlangten sie von ihr vor allem ein Höchstmaß an Konzentration und Disziplin. Ein intensives Sich-Einarbeiten in die übertragene Aufgabe ging einer jeden Reise voraus. Die Besuche selbst mit ihrem wiederkehrenden Ritual: den Begrüßungen, Konsultationen, Empfängen, Besichtigungen, Dîners, dem Reden anhören und selbst Reden halten stellten immer von neuem hohe Ansprüche an die physischen und psychischen Kräfte.

Gerd Rauhaus von den „Nürnberger Nachrichten" gab am 21. Januar 1980 einen lebendigen Bericht von einer Reise der Staatsministerin nach Somalia und Kenia, der neben der Schilderung von Unvorhersehbarem viel Typisches enthält und deshalb hier wiedergegeben werden soll:

Die Afrikaner als Partner genommen

Staatsministerin im Auswärtigen Amt gewinnt ihre Gastgeber durch die Art ihres Auftetens – Ankunft in Mogadischu ohne Gepäck und Gastgeschenke – In geliehenen Kleidern zu den Empfängen – Kaum Zeit für Besichtigungen

Erst bei Bert Brechts „Mtu Mzuri Wa Sezuan" streikte die sonst so kulturhungrige Staatsministerin. Das Lehrstück vom guten Menschen von Sezuan auf Kisuaheli, und das zwei Stunden lang – das war Hildegard Hamm-Brücher doch etwas des Guten zuviel. Bis hahin hatte sie alle Programmpunkte ihrer Vier-Tage-Reise nach Somalia und Kenia geduldig, meist sogar mit spürbarer Begeisterung absolviert.

Zeitverschiebung und eine Temperaturdifferenz von 49 Grad, zweimaliges Umsteigen bei Nacht auf der vierzehnstündigen Anreise, wenig Schlaf und – für einen Minister ungewohnt – keine erste Klasse auf dem Flug von Rom nach Mogadischu. Die Minidelegation besteht aus dem Staatsminister, einer persönlichen Referentin und einem Afrikaexperten des Amtes. Sicherheitsbeamte im Schlepptau hat Hamm-Brücher von jeher abgelehnt.

In Mogadischu, einem der unbedeutendsten und zugleich bekanntesten Flughäfen der Welt, kommt zwar die Delegation wohlbehalten, nicht aber deren Koffer an. Man kommt mit leeren Händen. Der Schweineschinken für den deutschen Botschafter in dem schweinelosen islamischen Land, die Gastgeschenke, die Kleider für die Empfänge, selbst die Zahnbürste und die Anti-Malaria-Tabletten – sind irgendwohin geflogen, nur nicht nach Mogadischu. Hamm-Brücher trägt ein mollig warmes Kostüm. Zum Glück weht ein Passatwind vom Meer her selbst durch das luftig gebaute Gästehaus der somalischen Regierung, wo als erster der somalische Außenminister seine Aufwartung macht.

Inzwischen hat die deutsche Botschaft gewirbelt, um für den Gast ein festliches Gewand aufzutreiben. Da es in Mogadischu so gut wie nichts zu kaufen gibt – selbst die Suche nach einer Ansichtskarte erweist sich als schwierig –, kramen die deutschen Frauen in ihren Truhen, und pünktlich zum Abendessen des somalischen Außenministers mit Musikdarbietungen des Nationaltheaters ist Frau Minister proper gekleidet. Im Geliehenen geht es anscheinend zu Präsident Siad Barre, einem Freund mitternächtlicher bis frühmorgendlicher Gespräche. Der Intervention des

Außenministers ist es zu verdanken, daß er diesmal nicht lockere vier bis sechs Stunden plaudert.

Am nächsten Morgen wieder im Kostüm – der Bluse hat ein Tubenwaschmittel gut getan –, geht's kreuz und quer durch die Hauptstadt. Nicht zu den malerischen Altstadtwinkeln allerdings, denn dafür ist keine Zeit. Ein deutscher Wasserexperte der Gesellschaft für technische Zusammenarbeit berichtet von dem Hauptproblem des Landes, das überwiegend vom Lebendviehexport leben muß. Danach eine Staatsdruckerei und das Stadion.

Der Programmpunkt „Geschenkaustausch" im Außenministerium fällt auf deutscher Seite notgedrungen dünn aus. Man verspricht, die Präsente zu schicken. In Nairobi gibt es neue Kunde von den Koffern: sie sind inzwischen nach Mogadischu geschickt worden. Da in den nächsten drei Tagen von dort keine Maschine mehr nach Nairobi kommt, kann man das Gepäck für den Rest der Reise vergessen. Hamm-Brücher lakonisch: „Wir waschen weiter." Einen Augenblick hatte sie mit dem Gedanken gespielt, sich in einer der vielen Boutiquen neu einzukleiden, dann aber eingesehen, daß hierfür kaum Zeit sein wird. Auch südlich des Äquators funktioniert die deutsche Beamtenhilfe: diesmal ist es die Frau eines Beamten beim Umweltprogramm der UNO, die einen festlichen Auftritt Hamm-Brüchers bei der Eröffnung des neuen Goethe-Instituts ermöglicht.

Ohne Mütterlichkeit

Hamm-Brücher fügt ihrer auf Englisch gehaltenen Rede zwei Sätze in Kisuaheli an und schon sind auch die Kenianer von dem Gast begeistert. Ihre unkomplizierte, offene Art des Umgangs erleichtert ihr ohnehin den Zugang zu Menschen. Sie hat eine Gabe, ihren Gesprächspartnern den Eindruck zu vermitteln, als habe sie sich wochenlang auf die Begegnung gefreut, ob es sich gerade um den Fahrer, den Koch oder den Außenministerkollegen handelt. Ihr Auftreten gegenüber Schwarzafrikanern hat nichts von jener Mütterlichkeit, mit der etwa Marie Schlei den Schwarzen gegenübertrat, als seien es so rührend nette kleine Wilde. Hamm-Brücher spricht mit Partnern.

Auch in Nairobi bleibt keine Zeit zur Stadtbesichtigung. Hier versäumt sie allerdings auch nicht viel, denn die moderne Hauptstadt ist fast so unafrikanisch wie Frankfurt. Schon im Morgengrauen geht es mit einem Flugzeug zum Wohnsitz des kenianischen Präsidenten im Norden des Landes. Den Nachmittag widmet sie einer Tagung von Kulturreferenten aus 15 ost-und südafrikanischen Ländern. Bevor sie diese Tagung am nächsten Tag fortsetzt, fährt Hamm-Brücher in aller Frühe in die deutsche Schule und in das angeschlossene Internat. Sie beschränkt sich dabei nicht auf die Besichtigung. Ihre Ratschläge, Gesamtschulerfahrungen nutzbar zu machen, die Berufsausbildung zu intensivieren, mehr Demokratie mit Eltern und Schülern zu praktizieren, stoßen allerdings nicht gerade auf Enthusiasmus. Es folgen eine Pressekonferenz, Einzelinterviews für Rundfunk und Fernsehen, ein letzter Umtrunk mit den Tagungsteilnehmern, Botschaftsangehörigen und Presseleuten. In der Nacht fliegt sie zurück. Am Freitag, just während der Afrikadebatte im Bundestag, kommt die Nachricht vom Flughafen Bonn/Köln: die Koffer sind da.

Die Bonner „Wende" und ihre Auswirkungen

1. Oktober 1982 im Bonner Bundestag. An diesem Freitagmorgen setzte sich der Vorsitzende der CDU, Dr. Helmut Kohl, in einem konstruktiven Mißtrauensvotum mit 256 zu 235 Stimmen gegen den bisherigen Bundeskanzler, Helmut Schmidt (SPD), durch. An die Stelle der SPD/F.D.P. Koalition trat eine CDU/CSU/F.D.P. Koalition. Ein seit längerem bestehender Zerrüttungsprozeß zwischen SPD und F.D.P. fand seinen Abschluß. Knapp zwei Drittel der F.D.P. Bundestagsfraktion war entschlossen, die Fronten zu wechseln und den bisherigen Koalitionspartner mitten in der Legislaturperiode zu verlassen. Sie hatte sich dem ehemaligen Partner CDU wieder zugewandt und verhalf diesem zu neuer Macht. Der Abgeordnete Dr. Rainer Barzel (CDU) begründete damals das Mißtrauensvotum seiner Partei. Er verdeutlichte, weshalb die SPD/F.D.P. Koalition nach Meinung der CDU/CSU die Regierungsfähigkeit verloren hatte. Ihre Hinterlassenschaft, so führte er aus, bestehe aus „geplünderten Kassen", „Massenarbeitslosigkeit" und „um eine bessere Zukunft geprellte junge Menschen."

Zur Rolle, die der F.D.P. Vorsitzende, Außenminister und Vizekanzler Hans-Dietrich Genscher, bei diesem Regierungswechsel gespielt hatte, fand er die anerkennenden Worte: „Hut ab vor dem Kollegen Genscher, der gehandelt hat, damit nicht alles noch schlimmer wird."

Eigentlich hätte das Ende der sozial-liberalen Ära vor allem Fragen nach der grundsätzlichen Vereinbarkeit sozialdemokratischer und liberaler Positionen aufwerfen müssen, aber das Tagesinteresse galt vorwiegend dem „fliegenden" Koalitionswechsel und dem undurchsichtig agierenden Parteivorsitzenden der F.D.P. Schneidende Anklagen, Beschwörungen des Gewissens, sichtbare Bestürzung über den Vertrauensverlust, persönlich gehaltene Loyalitätserklärungen bestimmten die sechseinhalbstündige Parlamentssitzung. Helmut Schmidt wies die Schuld am Koalitionsbruch eindeutig seinem bisherigen Vizekanzler zu. Er sagte: „Über viele Jahre, Herr Kollege Genscher, werden die Bürger dieses Verhalten nicht vergessen." Willy Brandt (SPD) wandte sich an Hans-Dietrich Genscher mit den Worten: „Herr Genscher, Sie haben die Partei und sich selbst übertöpelt, aber ich bin sicher, nicht die Wähler." Herbert Wehner (SPD) gab der Stimmung vieler Bundesbürger Ausdruck, wenn er ausrief: „... Angesichts des unaufrichtigen und auch unwürdigen Schauspiels, das CDU/ CSU und F.D.P. jetzt aufführen, bitte ich, mir die tiefste Sorge um die Entwicklung unserer parlamentarischen Demokratie zu glauben ..."

Klagen kamen aber auch aus den Reihen der F.D.P.-Fraktion selbst: von dem Fraktionsvorsitzenden Wolfgang Mischnick, der sich zwar der Entscheidung des Parteivorsitzenden fügte, doch von einer „schweren Stunde für den Staat" und für sich selbst sprach und persönlich gehaltene Dankes- und Abschiedsworte an Helmut Schmidt und Herbert Wehner richtete, und auch von dem früheren Innenminister Gerhart Baum, der sich zum Sprecher der Gegner des Koalitionswechsels in der F.D.P.-Fraktion machte und meinte, der neuen Koalition fehle die inhaltliche Begründung und die Legitimation.

Den entscheidenden moralischen Angriff gegen die Art, wie der Koalitionswechsel vor sich ging, aber unternahm Hildegard Hamm-Brücher. In einer sehr persönlich gehaltenen Erklärung legte sie offen, weshalb sie gegen diesen Koalitionswechsel stimmen werde. Auszüge aus den Protokollen des Deutschen Bundestages vom 1. Oktober 1982 * sollen ihre Rede und die ihr folgenden Reaktionen wiedergeben. Hier heißt es:

---

* In Auszügen zitiert aus: Deutscher Bundestag, Stenographischer Bericht, 118. Sitzung, Bonn, Freitag, den 1. Oktober 1982

Frau Dr. Hamm-Brücher (FDP): Herr Präsident! Meine sehr geehrten Kolleginnen und Kollegen! Es sind drei Gründe, die mich zu einer Wortmeldung neben Gerhart Baum veranlaßt haben, mit der ich ausdrücken möchte, was mich zu meinem Abstimmungsverhalten bestimmt hat.

Zum einen, meine sehr geehrten Kolleginnen und Kollegen, möchte ich öffentlich machen, daß es sich beim Dissens innerhalb meiner Fraktion nicht um eine Kontroverse zwischen dem sogenannten rechten und dem linken Flügel meiner Partei handelt, sondern um eine sehr grundsätzliche Auseinandersetzung, die über inner- und zwischenparteiliche Kontroversen hinausgeht und – Sie haben es ja alle gespürt – in *Grundfragen unseres Demokratie- und Parlamentsverständnisses* hineinführt. Es geht um die Grundfrage, ob die Abgeordneten einer Fraktion – insoweit sind nur wir betroffen –, die mit einer klaren *Aussage für eine Koalition* und gegen eine andere ein hohes Wahlergebnis erzielt haben, nach zwei Jahren entgegen diesem Versprechen einen Machtwechsel ohne vorheriges Wählervotum herbeiführen dürfen.

Für mich persönlich muß ich diese Frage nach langer und schwerer Gewissensprüfung mit einem klaren Nein beantworten.

(Beifall bei Abgeordneten der FDP und bei der SPD)

Ich habe dies – auch meine Kolleginnen und Kollegen von der CDU/CSU wissen das – von allem Anfang an so gesehen und auch in meiner Fraktion vertreten.

So betrachtet, ist ein Regierungswechsel für uns, die Liberalen, eben doch keine natürliche Sache. Daher greift auch der Vergleich mit dem Jahr 1966 nicht. Denn damals lag ja keine Koalitionsaussage der betroffenen Parteien vor.

(Beifall bei Abgeordneten der FDP und bei der SPD –
Widerspruch bei der CDU/CSU)

So gesehen, ist der Regierungswechsel für uns, die Liberalen, ein schmerzhafter Gewissenskonflikt. Partei- und Fraktionssolidarität, die Loyalität zu dem Vorsitzenden, für mich persönlich vielleicht auch der freiwillige Verzicht auf ein sehr schönes und sehr wichtiges Amt, dies alles steht versus persönliche und politische Verantwortung, Zuverlässigkeit, Glaubwürdigkeit.

(Beifall bei Abgeordneten der FDP und bei der SPD)

Ich bedauere zutiefst, daß der politische Liberalismus, dem ich wie Wolfgang Michnick seit fast 35 Jahren mit Kopf und Herz verbunden bin, über diesen Konflikt in eine so schwere Existenzkrise geraten ist, und ich werde alles in meinen Kräften Stehende versuchen, daß wir diese Krise überstehen. Auch deshalb stehe ich heute hier.

Aber nicht nur das. Der Vorgang, den heute jeder Bürger vor dem Fernsehschirm miterleben kann, ist mehr als nur ein liberaler Familienkrach für oder gegen einen Machtwechsel. Er betrifft das *Ansehen unseres Parlaments,* der parlamentarischen Demokratie überhaupt. Hier liegt, verehrte Kollegen, der zweite Grund für meine persönliche Wortmeldung. Wir alle beklagen ja gemeinsam den Vertrauensschwund, vor allem bei der jungen Generation, und wir alle denken darüber nach, wie wir das ändern können, und wir alle haben die Pflicht, daraus dann auch Konsequenzen zu ziehen. Ich glaube, wir dürfen nicht die Augen davor verschließen, wie wenig gefestigt unsere Demokratie immer noch ist und wie wenig überzeugend es für unsere Bürger ist, wenn in unserem Parlament immer nur vorgestanzte Partei- und Fraktionsmeinungen vom Blatt gelesen werden.

(Beifall bei Abgeordneten der FDP und SPD)

Deshalb sollten wir alle – und ich möchte hier einmal sagen: liebe Freunde – der persönlichen Meinung und Verantwortung des gewählten Abgeordneten wieder mehr Gewicht beimessen und sie zu Gehör bringen. Deshalb sollten wir auch in so heiklen Augenblicken wie diesem offener und spontaner miteinander diskutieren und um die bestmöglichen Lösungen ringen.

(Beifall bei Abgeordneten der FDP und bei der SPD)

Aus diesem Grunde möchte ich stellvertretend für viele Freunde und Mitbürger erklären, daß nach meiner Überzeugung der Weg über das Mißtrauensvotum zwar neue Mehrheiten, aber kein neues Vertrauen in diese Mehrheiten schafft.

(Beifall bei Abgeordneten der FDP und bei der SPD)

Dies wird sich, so fürchte ich, um so abträglicher auswirken, als das, wie sich herausstellt, ungeprüft gegebene Wahlversprechen für den Monat März nächsten Jahres offenbar nicht eingehalten werden kann.

Der dritte Grund für meine Wortmeldung ist ein offener Protest gegen das, was man da von mir verlangt. Ich würde es übrigens im umgekehrten Verhalten, Herr Kollege Kohl, nicht anders halten. Ganz gewiß sind Koalitionen für mich kein Dogma und ganz sicher auch nicht die Koalition zwischen Sozial- und Freien Demokraten, die während 13 Jahren der Zusammenarbeit unbestritten heute auch Verschleißerscheinungen und Defizite aufweist. Die Diskussion hat das ja offenkundig gemacht.

Dennoch, Kolleginnen und Kollegen, vermag ich dem Kanzler

dieser Koalitionsregierung nicht das Mißtrauen auszusprechen, nachdem ich ihm doch erst vor ganz wenigen Monaten das Vertrauen ausgesprochen habe.

(Lebhafter Beifall bei Abgeordneten der FDP
und bei der SPD)

Auch kann ich doch nicht ihm allein das Mißtrauen für seine Regierungstätigkeit aussprechen und unsere eigenen vier Minister, ja mich selber dabei aussparen.

(Beifall bei Abgeordneten der FDP und bei der SPD)

Ich kann dem Bundeskanzler nicht mein Mißtrauen aussprechen, nachdem ich noch bis vor zwei Wochen mit ihm und seinen Ministern, mit meinen Kollegen uneingeschränkt, loyal und vertrauensvoll zusammengearbeitet habe,

(Beifall bei Abgeordneten der FDP und bei der SPD)

wofür ich mich bei ihm in diesem Augenblick noch einmal persönlich sehr herzlich bedanken möchte.

(Beifall bei Abgeordneten der FDP und bei der SPD)

Ich möchte Sie – damit möchte ich schließen – um Verständnis für diese Position, vielleicht sogar um Verzeihung bitten. Vielleicht ist das eine typisch weibliche Reaktion. Davon war ja in den letzten Tagen hier auch viel die Rede. Ganz gewiß verstehe ich sie persönlich als eine christliche Reaktion.

Ich finde, daß beide dies nicht verdient haben, Helmut Schmidt, ohne Wählervotum gestürzt zu werden, und Sie, Helmut Kohl, ohne Wählervotum zur Kanzlerschaft zu gelangen.

(Beifall bei Abgeordneten der FDP und bei der SPD)

Zweifellos sind die beiden sich bedingenden Vorgänge verfassungskonform. Aber sie haben nach meinem Empfinden doch das *Odium des verletzten demokratischen Anstands.*

(Zustimmung bei Abgeordneten der FDP und bei der SPD)

Sie beschädigen – und das entnehme ich so vielen Zuschriften sehr ernsthafter Menschen in diesem Jahr – quasi – –

(Dr. Jenninger [CDU/CSU]:
Wir haben doch auch Wähler, gnädige Frau!)

– Für Sie, Herr Kollege Jenninger, mag das auch gar nicht so relevant sein, wie das für uns in unserer Gewissensentscheidung ist.

(Beifall bei Abgeordneten der FDP und bei der SPD)

Diese beiden Vorgänge haben nach meinem Empfinden also das Odium des verletzten demokratischen Anstands. Sie beschädigen quasi die moralisch-sittliche Integrität von Machtwechseln.

(Beifall bei Abgeordneten der FDP und bei der SPD – Dr. Kohl [CDU/CSU]: Das ist ein Skandal!)

– Ich sehe das so, es tut mir leid. Sie sehen das anders und haben es auch gesagt. Ich meine, daß darauf kein Segen liegen kann.

(Dr. Kohl [CDU/CSU]: Es ist skandalös, daß Sie die Verfassung als unmoralisch bezeichnen!)

Mit beidem sollten wir sehr behutsam umgehen, meine Damen und Herren, angesichts unserer immer noch schwach entwickelten politischen Kultur.

Vor gerade zwei Jahren hat der Wähler eindeutig zugunsten der sozialliberalen Koalition entschieden. Deshalb müssen wir ihn fragen, bevor wir dies ändern.

(Beifall bei Abgeordneten der FDP – Lebhafter Beifall bei der SPD)

Dr. Geißler (CDU/CSU): Herr Präsident! Meine sehr verehrten Damen und Herren! Die persönliche Erklärung der Frau Abgeordneten Hamm-Brücher,

(Zurufe von der SPD: War gut! – Conradi [SPD]: Das war keine Erklärung, das war eine hervorragende Rede!)

aber auch die Erklärung, die der frühere Innenminister hier abgegeben hat, veranlassen mich, eine zusätzliche Erklärung hier abzugeben. Frau Hamm-Brücher, ich möchte Sie fragen: Wie können Sie in dieser Debatte die Behauptung aufstellen, eine Entscheidung des Parlaments nach Art. 67 des Grundgesetzes verstoße gegen moralische oder sogar christliche Grundsätze?

(Zurufe der SPD)

Meine sehr verehrten Damen und Herren, ich habe Verständnis dafür, daß Sie persönlich sich so entschieden haben. Aber wie kommen Sie denn dazu, bei Ihrer Äußerung nicht zu erwägen, daß es in diesem Parlament Abgeordnete gibt – und es ist die Mehrheit der Abgeordneten –, die ebenfalls aus moralischen Gründen der Auffassung sind, daß diese Regierung abgelöst werden muß?

(Lebhafter Beifall der CDU/CSU und bei Abgeordneten der FDP)

Jede Gewissensentscheidung richtet sich nach Normen – nach Normen, die jeder persönlich für sich für richtig hält. Können Sie sich nicht vorstellen, daß es Abgeordnete in diesem Parlament gibt, die ihre persönliche Entscheidung z. B. an dem Schicksal von Millionen Arbeitslosen ausrichten?

(Beifall bei der CDU/CSU – Zurufe von der SPD – Abg. Frau Dr. Hamm-Brücher [FDP] meldet sich zu einer Zwischenfrage)

Präsident Stücklen: Herr Abgeordneter Geißler, gestatten Sie eine Zwischenfrage?

Dr. Geißler (CDU/CSU): Nein. – Können Sie sich nicht vorstellen, daß Abgeordnete ihre Gewissensentscheidung ausrichten in der Verantwortung dem Bürger gegenüber, von dem sie das Mandat haben? Meine sehr verehrten Damen und Herren, was ich heute hier gehört habe, gegenüber dem Willen der Fraktionen der Union und der Fraktion der Freien Demokraten, dem Willen, ein verfassungsmäßiges Recht auszuüben,

(Bundesminister Matthöfer: Aber kein moralisches!)

was ich hier gehört habe an Appellen, an Ressentiments und an Emotionen, kann ich teilweise nur verstehen als einen Anschlag auf unsere Verfassung.

(Beifall bei der CDU/CSU – Buh-Rufe und Pfui-Rufe von der SPD)

Die Verfassung der Bundesrepublik Deutschland, meine sehr verehrten Damen und Herren, und die Wahrnehmung der Rechte nach dieser Verfassung können niemals unmoralisch sein – niemals unmoralisch!

(Beifall bei der CDU/CSU)

Präsident Stücklen: Herr Abgeordneter Geißler, ich muß Sie unterbrechen.

Meine Damen und Herren, ich bitte die Plätze einzunehmen!

Dr. Geißler (CDU/CSU): Meine sehr verehrten Damen und Herren,

(Jahn [Marburg] [SPD]: Das ist die neue Moral eines Herrn Geißler!)

heute vormittag und heute mittag sind Sätze gefallen, die jeder verantworten muß.

(Beifall und Zurufe von der SPD)

Ich erinnere daran, daß das, was hier gesagt worden ist hinsichtlich der Ausübung unserer verfassungsmäßigen Rechte, hinsichtlich der Wirkung auf junge Menschen, von großer Bedeutung ist. Heinrich Heine richtete einmal

(Zurufe von der SPD)

ein Wort an die Adresse des Schriftstellers, aber auch an die Adresse des Politikers.

Präsident Stücklen: Herr Abgeordneter Geißler, ich muß Sie erneut unterbrechen. Ich bitte die Plätze einzunehmen.

Einen Augenblick, Herr Abgeordneter Geißler. Herr Abgeordneter Gansel bittet um das Wort zu einer Zwischenfrage. Sind Sie bereit, eine Zwischenfrage zuzulassen?

Dr. Geißler (CDU/CSU): Nein.

Ich erinnere Sie an das Wort dieses Dichters, der gesagt hat, hinter jedem Wort, hinter jedem Dichter – und das gilt für uns alle, die wir die Verantwortung für das Wort haben – steht der Liktor mit dem Bündel, der Richter mit der Axt und sagt: Ich bin die Tat zu deinem Wort. – Wenn wir verfassungsmäßige Rechte des Parlaments hier ausüben, wenn wir von dem Recht des Grundgesetzes hier Gebrauch machen, meine sehr verehrten Damen und Herren, dann handeln wir nicht nur legal; wir handeln legitim, wir handeln aus dem Geiste der Verfassung, und dies ist die höchste Moralität, die es für einen Politiker geben kann.

(Lebhafter Beifall bei der CDU/CSU und bei Teilen der FDP)

Präsident Stücklen: Das Wort hat der Herr Bundeskanzler.

Bundeskanzler Schmidt. (von der SPD mit Beifall begrüßt): Herr Präsident! Meine Damen und Herren! Wenn die freie Meinungsäußerung eines Abgeordneten oder einer Abgeordneten, die ankündigen, nach ihrem Gewissen zu reden und zu handeln, bezeichnet wird als ein Anschlag auf unsere Verfassung,

(Dr. Kohl [CDU/CSU]: Das stimmt doch gar nicht! – Weiterer Widerspruch bei der CDU/CSU)

als ein Anschlag auf unsere Verfassung,

(Anhaltende Zurufe von der CDU/CSU)

dann muß die Führung – –

(Anhaltende Zurufe von der CDU/CSU)

– Ich habe nur die Absicht, drei Sätze zu reden, und ich bitte, mich ausreden zu lassen; noch habe ich das Recht, hier zu reden.

(Stürmischer Beifall bei der SPD – Beifall bei Abgeordneten der FDP)

Wenn das ein Anschlag auf die Verfassung sein soll,

dann muß sich die Führung der FDP fragen, ob sie wirklich mit solcher Illiberalität und Intoleranz eine Verbindung eingehen will.

(Anhaltender lebhafter Beifall bei der SPD –
Beifall bei Abgeordneten der FDP)

Präsident Stücklen: Das Wort hat Herr Abgeordneter Dr. Kohl.

Dr. Kohl (CDU/CSU) (von der CDU/CSU mit Beifall begrüßt): Herr Präsident! Meine sehr verehrten Damen und Herren! Jeder spürt, daß dies für uns alle eine bewegende und aufwühlende Stunde ist. Gerade weil das so ist, Herr Bundeskanzler, möchte ich, was ursprünglich nicht meine Absicht war, Ihnen in ein paar Sätzen antworten.

Jeder Abgeordnete des Deutschen Bundestages hat selbstverständlich sein Recht, hier seine Meinung zu vertreten. Es ist ebenso selbstverständlich, daß sie das heute wie in Zukunft haben. Eine Bemerkung, wie sie hier von Ihnen gemacht wurde, darf doch nicht den Eindruck erwecken, als gebe es in diesem Hause irgend jemanden, der den Gedanken in sich trüge, dieses selbstverständliche Freiheitsrecht in Frage zu stellen.

(Beifall bei der CDU/CSU und der FDP –
Zurufe von der SPD)

Bei allem, was uns gerade in dieser Stunde bedrückt, erregt und vielleicht auch zu einem schnellen Wort veranlaßt, sollte doch der Gedanke an die gemeinsame demokratische Grundüberzeugung der entscheidende Gedanke sein.

(Beifall bei der CDU/CSU und bei Abgeordneten
der FDP – Zuruf des Abg. Dr. Ehmke [SPD])

– Herr Ehmke, ich komme zu Ihrem Satz.

Zweitens. Mein Freund und Kollege Heinrich Geißler ist hier ans Pult gegangen und hat auf eine sehr emotionale, sehr bewegende Rede der Frau Kollegin Hamm-Brücher reagiert. Die Frau Kollegin Hamm-Brücher hat eine Formulierung gebraucht, von der ich sicher bin, daß sie sie, wenn sie sie noch einmal überlegt und vielleicht auch einmal nachliest, so nicht halten kann, wie ich Sie, Frau Kollegin Hamm-Brücher, kenne.

(Zuruf des Abg. Dr. Ehmke [SPD])

Darauf hat der Kollege Heinrich Geißler geantwortet, Frau Kollegin Hamm-Brücher, das, was Sie gesagt haben, hat nämlich zur Konsequenz, daß jemand, der im Rahmen dieser Verfassung handelt – diese Verfassung ist auf der Basis moralischer Kategorien normiert; das ist doch das Ergebnis jüngster deutscher Geschichte

Dafür haben Männer und Frauen aus den drei großen Gruppen,
die hier sitzen, in ihrer Geschichte, in ihrer Tradition gekämpft und
gelitten. Diese Verfassung ist ein moralisches Institut deutscher Politik. Wenn im Rahmen dieser Verfassung, ob das in der konkreten
Situation dem einen mehr oder weniger gefällt, entschieden, gearbeitet, gekämpft wird, dann kann das nicht unmoralisch und schon
gar nicht unchristlich sein, Frau Kollegin!

Darauf, verehrte Kollegin Hamm-Brücher, bezog sich die Reaktion
eines Mannes wie Heiner Geißler, der wie Sie und ich im Rahmen
der uns geschenkten Spanne unseres Lebens leidenschaftlich für
eine freiheitliche Verfassung gekämpft hat und hoffentlich noch
viele Jahre kämpfen wird.

Ich will jetzt auch Ihr Wort aufnehmen, auch Ihre persönliche
Anrede „liebe Freunde", die Sie einmal gebraucht haben. Liebe
Freunde, ich will in diesem Augenblick unter Demokraten zu diesem Punkt sagen: Lassen Sie uns doch nicht in der ganzen Leidenschaft der Stunde das zerstören, was diese Republik in 30 Jahren
auf unserer Verfassung aufgebaut hat!

Präsident Stücklen: Das Wort hat Herr Abgeordneter Mischnick.
Mischnick (FDP): Herr Bundespräsident! Herr Bundeskanzler,
Sie haben gesagt: Wie kann die FDP-Führung mit so einem Partner
zusammengehen? Herr Bundeskanzler, in dieser Stunde gibt es
manche Erregung, aber Pauschalierungen sind in dieser Stunde ge-
nauso falsch, wie sie sonst falsch sind. Der Herr Kollege Geißler
hat eine Meinung geäußert, die ich in dieser Form nicht teile; ich
bin anderer Auffassung. Die Frau Kollegin Hamm-Brücher hat
eine Meinung geäußert, die ich nicht teile. Aber niemand wird je
auf die Idee kommen, das Recht zu bestreiten, diese Meinung hier
zu äußern.

Wertungen müssen jedem einzelnen vorbehalten bleiben. In diesen
Wertungen werden wir oft weit auseinander sein. Das schließt aber
doch nicht aus, daß ich die Wertung, daß das, was hier geschieht,

das Odium des verletzten demokratischen Anstandes hat, wenn ich anderer Meinung bin, zurückweise und diese andere Meinung sage. Denn gerade wenn ich Wert darauf lege, daß jede Meinung frei geäußert werden darf und muß, muß ich auch bereit sein, die Gegenmeinung, und sei sie noch so scharf formuliert, hier vorbringen zu lassen. Darüber, ob er so oder anders formuliert, muß jeder selbst entscheiden.

(Beifall bei der FDP und der CDU/CSU)

Präsident Stücklen: Das Wort hat Herr Abgeordneter Dr. Ehmke.

Dr. Ehmke (SPD): Herr Präsident! Meine Damen und Herren! Ich bin Herrn Kollegen Kohl sehr dankbar, daß er versucht hat, nicht mehr Scherben entstehen zu lassen, als nötig sind. Wir sind uns einig: Das Recht nach Art. 67 ist ein verfassungsmäßiges Recht. Aber es gibt Kollegen und Kolleginnen – und Frau Hamm-Brücher hat das in für mich ungeheuer eindrucksvoller Weise eben begründet –,

(Beifall bei der SPD und Abgeordneten der FDP)

die der Meinung sind, daß es, obwohl es innerhalb der Verfassung ist, nach ihren Maßstäben moralisch-sittlich nicht in Ordnung ist, weil sie nämlich dem Wähler 1980 etwas anderes versprochen haben, als sie jetzt tun sollen. Sie in der CDU sind gar nicht in der Situation, in der die FDP jetzt ist. Aber ich bin der Meinung, wenn eine Kollegin des Hauses das sagt, dann gehört es zu der von Ihnen mit Recht zitierten Toleranz, Herr Kohl, daß ihr diese Meinung abgenommen wird. Sie hat sie keinem anderen aufgezwungen. Darum bin ich der Meinung, Sie sollten Ihren Worten Taten folgen lassen. Ich bitte den Kollegen Geißler sehr herzlich darum, sein Wort vom Verfassungsbruch hier von dieser gleichen Stelle zurückzunehmen.

(Lebhafter Beifall bei der SPD – Beifall bei
Abgeordneten der FDP)

Präsident Stücklen: Meine Damen und Herren, weitere Wortmeldungen liegen nicht mehr vor. Ich schließe die allgemeine Aussprache.

*

Mit ihrer Rede hatte Hildegard Hamm-Brücher den Nerv getroffen; diese wurde zur eigentlichen Sensation des Tages.

Daß nach monatelangem Ränkespiel eine Abgeordnete aus den Reihen der F.D.P. den Mut fand, ohne taktisches Kalkül offen ihre Gedanken und Gefühle auszusprechen und die Machenschaften der eigenen Partei anzuprangern, war für viele Bundesbürger, die seit Monaten mit Empörung dem ständigen Taktieren der F.D.P.-Führung zugesehen hatten, eine befreiende Tat.

Als dann der neue Bundeskanzler gewählt und die Bundestagssitzung geschlossen worden war, suchten Hildegard Hamm-Brücher und ihr Mann – er hatte das erste Flugzeug aus München genommen, nachdem sie ihn am Vorabend telephonisch vom Tenor ihrer morgigen Rede unterrichtet hatte – ihr kleines Aushilfsbüro in der Görrestraße 34 gegenüber dem Bundeshaus auf. Hildegard Hamm-Brücher war dort erst vor acht Tagen eingezogen. Sie hatte ihre Räume im Auswärtigen Amt aufgeben müssen, weil Helmut Schmidt in einer Art „Flucht nach vorn" am 17. September 1982 alle F.D.P.-Minister entlassen hatte. Noch standen überall Kisten herum, in denen sich Akten und persönlicher Besitz stapelte.

„Ich war in diesem Augenblick sehr erleichtert", meint sie rückblickend, „denn ich hatte gesagt, was ich mir vorgenommen hatte. Die anfängliche Aufregung war schon nach den ersten Worten gewichen. Natürlich konnte ich weder während der Rede, noch so kurz danach die Wirkung meines Auftritts abschätzen. Auch hatte mich der Angriff Heiner Geißlers verwirrt. Keineswegs wollte ich den Abgeordneten des Bundestages die moralische Legitimation absprechen, vom Verfassungsinstrument des konstruktiven Mißtrauensvotums Gebrauch zu machen. Ich hatte doch ausdrücklich darauf hingewiesen, daß ich für mich sprach, nur meine eigene Position erklärte. Was also hatte meine Meinungsäußerung mit einem Anschlag auf die Verfassung zu tun?

Mein Mann, der mich gut genug kennt, um zu wissen, daß mich derartige Angriffe verletzen und daß ich sie am liebsten sofort wieder aus der Welt schaffe, hatte mir schon am Ausgang des Bundeshauses zugerufen: ,Nimm nichts zurück! Nimm ja nichts zurück!' Nun saß er seelenruhig in diesem engen, ungemütlichen Zimmer, offensichtlich mit mir und der Welt zufrieden und sagte: ,Das war das Wichtigste, was du in deinem ganzen politischen Leben getan hast!' "

Erwin Hamms Meinung wurde von einem großen Teil der bundesdeutschen Bevölkerung geteilt. Die Reaktionen auf die Rede ließen keine halbe Stunde auf sich warten. Hildegard Hamm-Brücher wurde zunächst mit meist zustimmenden Telegrammen, später auch mit Blumen und Briefen überschüttet, nicht nur an diesem Nachmittag und Abend, sondern noch wochenlang.

Die Anerkennung, die ihr Verhalten fast überall fand – Herbert Wehner hatte ihr schon im Plenarsaal einen Strauß roter Rosen überreicht – entschädigte Hildegard Hamm-Brücher für den Ärger mit der eigenen Partei, dem sie in den zurückliegenden Wochen ausgesetzt gewesen war, den sie an diesem Tag verstärkt zu spüren bekam und der sie noch längere Zeit verfolgte.

Sie ließ sie bis zu einem gewissen Grad vergessen,
– in welch entwürdigende Situation sie und ein Teil der Bundestagsfraktion dank des Verhaltens des Parteivorsitzenden gekommen waren, der sich niemals offen über seine „Wende"absichten ausgesprochen hatte – noch eine Woche vor dem Mißtrauensvotum hatte er im Parteipräsidium versichert, daß es nicht zum Bruch der Koalition käme – und nun die F.D.P.-Fraktion als seine „Manövriermasse" in den Koalitionswechsel einbrachte.
– wie verletzend der geradezu verleumderische Angriff auf ihre Integrität war, als noch während ihrer Rede am 1. Oktober 1982 der Pressesprecher der F.D.P. bekannt gab, sie habe am 26. September 1982, am Tag der für die

CDU und F.D.P. verlorenen Hessen-Wahl, in einem Telephongespräch den Parteivorsitzenden um Rückkehr nach der „Wende" in ihr Amt als Staatssekretärin gebeten, während, wie sie versichert, sie ihm doch in diesem Telephongespräch ihren Konflikt zwischen persönlicher Loyalität und politischem Dissens zu erklären versuchte.

– daß sich in den folgenden Jahren, in denen sie nicht mehr als Staatsministerin, sondern als „einfaches" Bundestagsmitglied in Bonn tätig war, die Schwierigkeiten mit der Bundestagsfraktion, aber auch mit der bayerischen F.D.P. häuften. Überall versuchte man sie auszugrenzen und totzuschweigen. Bestenfalls sah man in ihr eine blauäugige Idealistin und schlechtestenfalls eine parteischädigende Einzelkämpferin in eigener Sache. So war, um nur ein Beispiel für diese Kampagne zu geben, am 16. Mai 1983 der Fraktionsgeschäftsführer nicht bereit, sie für die Rednerliste zu melden, als Heiner Geißler die empörende Behauptung aufstellte, der Pazifismus der dreißiger Jahre habe Auschwitz erst ermöglicht. Hier verdankte es Hildegard Hamm-Brücher der amtierenden Bundestagspräsidentin Annemarie Renger (SPD), daß sie, nachdem die Tagesordnung erledigt war, gegen 22 Uhr doch noch zu Worte kam.

Erst mit dem Bundesparteitag der F.D.P. 1984 in Münster, der die endgültige Auseinandersetzung der Partei mit Hans-Dietrich Genscher brachte, festigte und besserte sich wieder ihre Position. Mit dem zweitbesten Ergebnis wurde sie dort spontan erneut in den Parteivorstand gewählt. Ihre zahlreichen Anhänger, vor allem die Jugend, zollten ihr Tribut. Auf dem Bundesparteitag 1985 in Saarbrücken verzichtete dann Hildegard Hamm-Brücher bewußt auf das Amt der Stellvertretenden Parteivorsitzenden zu Gunsten von Wolfgang Gerhardt, einem jungen hessischen Liberalen. „Ich wollte", sagt sie, „meinen Beitrag zur Aussöhnung und Geschlossenheit der Partei leisten." Der neue F.D.P.-Parteivorsitzende, Wirtschaftsminister Dr. Martin Bangemann, tat das Seine, um der verdienten Liberalen den ihr zustehenden Platz in der Partei und vor allem in der Bundestagsfraktion wieder zurückzugeben.

Und dennoch: Die Wunden saßen tief, sie sind inzwischen zwar verheilt, doch die Narben blieben. „Die alte Unbefangenheit", sagt Hildegard Hamm-Brücher, „hat sich nicht wieder eingestellt." Viele ihrer Freunde waren nach der „Wende" von 1982 der Ansicht, sie solle die F.D.P. verlassen. Ihr selbst ist dieser Gedanke nie gekommen. Er entspricht auch nicht ihrer kämpferischen Art.

Sie meint vielmehr, daß man in der Politik Gegensätze auszuhalten und vor Schwierigkeiten nicht davonzulaufen habe. „Und außerdem", fügt sie hinzu, „man wechselt ja auch nicht seinen Glauben, wenn einem der Pfarrer nicht gefällt."

Zurecht ist sie davon überzeugt, daß ihr Austritt aus der F.D.P. große Verluste für die kleine Partei insgesamt nach sich gezogen hätte. Es sei ihr damals darum gegangen, die Partei zusammenzuhalten, die Auseinandersetzungen innerhalb der Partei auszutragen, meint sie. Sie ist sich bewußt, daß sie inzwischen für viele Wähler geradezu zu einem Gütesiegel der F.D.P. geworden ist. „Ganz so schlecht kann es doch um uns nicht bestellt sein", sagte scherz-/ernsthaft sinngemäß in seiner Laudatio zu ihrem fünfundsechzigsten Geburtstag Martin Bangemann, „wenn es eine Hildegard Hamm-Brücher noch immer bei uns aushält."

Das Bewußtsein, daß vom Liberalismus eines Theodor Heuss in der heutigen F.D.P. nicht mehr allzuviel spürbar sein würde, wenn sie nicht mehr aktiv mitarbeitete, hat entscheidend dazu beigetragen, daß Hildegard Hamm-Brücher sich noch einmal für ein Bundestagsmandat der Legislaturperiode 1987 bis 1991 aufstellen ließ.

Auch die Bitten von Parteifreunden spielten hierbei eine Rolle. Doch letztlich bewog sie trotz aller Kämpfe und Rückschläge die ungebrochene Lust an der Politik dazu. „Hätte ich die Kraft", sagt Hildegard Hamm-Brücher, „ich würde meinen vierzig Jahren politischer Tätigkeit noch vierzig weitere Jahre folgen lassen."

Noch steht sie mitten im politischen Leben. Ihr bisher

letztes Engagement gilt der von ihr angeregten Parlaments- und Fraktionsreform. Am 1. Oktober 1982 hatte sie im Bundeshaus vom Artikel 38 GG Gebrauch gemacht. Es war ihr ernst mit dessen Aussage: „Die Abgeordneten sind Vertreter des ganzen Volkes, an Aufträge und Weisungen nicht gebunden und nur ihrem Gewissen unterworfen."

Die Erfahrungen der nachfolgenden Monate haben sie erkennen lassen, wie wenig dieser Artikel in der Praxis gilt. „Die Parteien, hier als die Bundestagsfraktionen, verfügen letztlich über die Kenntnisse und das persönliche Gewissen des Volksvertreters", sagt sie und fügt hinzu, „vom Grundgesetz her ist eine derartige Bevormundung allerdings nicht zulässig. Hier heißt es zur Rolle der Parteien in Artikel 21 GG lediglich: ‚Die politischen Parteien wirken bei der Willensbildung mit.' Tatsächlich aber beherrschen die Bundestagsfraktionen die Abgeordneten, machen diese zu ihrem Sprachrohr, schreiben die Meinungen vor, verbieten Zweifel und auch das Zugeständnis der Unkenntnis. Das Fraktionsmanagement sorgt darüber hinaus dafür, daß nur die der Partei genehmen Redner, in genehmer Reihenfolge und genehmer Rededauer zu Wort kommen. Der einfache Abgeordnete ist nur als Applauskulisse und Schönfärber für seine Fraktion tätig."

Seit 1983 versucht Hildegard Hamm-Brücher im Sinne des Artikels 38 GG Anstöße zu einer Parlamentsreform zu geben. Es geht ihr darum, die Zwänge der Fraktionen zu lockern und den Abgeordneten zu mehr selbstverantwortlichen Tun zu motivieren.

Deshalb schlägt sie vor:

- Das Wahlrecht soll dahingehend geändert werden, daß man mit der Zweitstimme unter den Kandidaten der gewünschten Partei auch die gewünschte Person wählen kann, gleichgültig auf welchen Listenplatz sie von ihrer Partei gesetzt wurde.
- Der Abgeordnete soll vom direkten und indirekten Fraktionszwang befreit werden. Niemand soll sich mehr auf Zwang berufen können.

– Dem Abgeordneten soll ausdrücklich persönliches Rede-
recht zugesichert werden. Es genügt nicht, daß er wie bisher nur bei Abstimmungen und wenn er persönlich
angegriffen wird, Erklärungen abgeben darf. Wenigstens
ein Drittel der Zeit soll bei Bundestagsdebatten für „offene" Wortmeldungen zur Verfügung stehen.
– Dem Abgeordneten soll ausdrücklich persönliches Initia-
tivrecht zugestanden werden. Seine Vorschläge sollen
nicht erst der Zustimmung der Fraktion bedürfen.
– Die Ausschußdebatten sollen öffentlich sein. Dem Abgeordneten soll Gelegenheit gegeben werden, sein Engagement und seine Talente, die sich fast ausschließlich in der
Ausschußarbeit beweisen, öffentlich darzustellen.

Doch geht es Hildegard Hamm-Brücher nicht nur um diese
Veränderungen. „Ein recht verstandener Artikel 38 GG
könnte und müßte allerdings über das rein Prozedurale hinaus mehr bewirken. Ich denke zum Beispiel an mehr Gewis-
senhaftigkeit im politischen Stil, im Umgang mit der
Wahrheit und mit Andersdenkenden, in der Zuverlässigkeit
und Glaubwürdigkeit der eigenen Aussagen und Handlungen, in Selbstkontrolle und Selbstkorrektur"[51], schreibt sie
und wünscht, daß der Wortlaut des Artikels 38 GG als In-
schrift an der Stirnseite des Parlaments klar und deutlich
seinen Platz erhalte.

Rückblick auf 40 Jahre in der Politik

Von der Terrasse ihrer Bonner Privatwohnung hat Hildegard Hamm-Brücher den Rundblick auf das Rheintal bei Bonn: links die Godesburg, rechts der Drachenfels, gegenüber auf der Höhe des jetzt herbstlich bunten Siebengebirges das bekannte Hotel Petersberg. Romantische Kulisse – auch ohne den Fluß, den man von hier aus nicht sehen kann, der aber in der Ebene Bonn von Beuel, Bad Godesberg von Königswinter trennt, und an dessen linkem Ufer sich die Regierungsgebäude aneinanderreihen: die Ministerien, die Villa Hammerschmidt, das Palais Schaumburg, das Kanzleramt, das Bundeshaus, das Abgeordnetenhaus, der „Lange Eugen".

Unten am Rhein gegenüber dem Parlamentsgebäude hat Hildegard Hamm-Brücher ihr Büro – auf der Höhe von Muffendorf bei Bad Godesberg ihr Bonner Zuhause. Die Gegensätze sind kraß. Während unten der mittelgroße Büroraum mit einem ausladenden Schreibtisch, Bücherwänden und einer schlichten Couchgarnitur vollgestellt ist, hat sie oben ihre eigenen vier Wände sparsam möbliert. Während unten die genormten Büromöbel unpersönlich wirken, zeigen oben weiße Einrichtungsgegenstände und eine breite Fensterfront ihre Vorliebe für Helligkeit. Während unten von der Görresstraße und ihrem Sekretariat Geschäftigkeit ausgeht, bleibt es oben in der kurzen Sackgasse und der Villennachbarschaft angenehm ruhig.

„In Bonn bin ich vor allem zum Arbeiten", sagt Hildegard Hamm-Brücher, während sie die Teetassen füllt, „und dementsprechend halte ich es mit dem Praktischen." Diese

Bemerkung gilt den Teebeuteln. Doch sie ist unnötig. Der Tee ist durchaus genießbar, und die liebenswürdige Art der Gastgeberin würde dem Gast vermutlich jede ihrer Zubereitungen schmackhaft machen.

Eine der besonderen Fähigkeiten Hildegard Hamm-Brüchers, mit der sie viele Menschen gewinnt, ist, daß sie sich unmittelbar auf ihr Gegenüber einzustellen vermag. Stets wirkt sie anteilnehmend, offen, höflich und geduldig. Streitbar, kämpferisch, zornig, fordernd: dies mag für die politische Szene gelten. Die Privatperson Hildegard Hamm-Brücher erlebt man anders.

Wie für viele Bonner Politiker ist die Bundeshauptstadt für sie in erster Linie der Ort der Plenar-, Fraktions- und Ausschußsitzungen, des Aktenstudiums, der Parteiarbeit. Gelegentlich trifft sie sich dort auch privat mit Kollegen und Freunden aus der F.D.P. oder anderen Parteien. Meist sind es Weggenossen, Gleichaltrige. Sie nennt hier die Namen von Liselotte Funcke, Burkhardt Hirsch, Hans Wolfgang Rubin, Annemarie Renger, Freimut Duve, Ursula Männle, Walter Scheel. Die menschliche Sympathie ist bei diesen Begegnungen der Maßstab. Sie ist nicht dazu bereit, ihre Zeit mit Menschen zu teilen, die sie nicht schätzt, nur weil sie ihr nützlich sein könnten.

München dagegen bedeutet für sie „Zuhause sein", und die Frage, was sie dort an den Wochenenden und in der sitzungsfreien Zeit unternehme, beantwortet sie mit dieser Feststellung. Aus ihren früheren Bemerkungen weiß man, was „Zuhause sein" einschließt: Die Familie, Mann und Kinder, auch wenn Florian und Verena Hamm längst selbständig geworden sind; das Haus, in dem das Ehepaar Hamm nun seit dreißig Jahren wohnt; den Garten, den sie am liebsten selbst in Ordnung hält; und den Freundeskreis, denn „um Freundschaften muß man sich immer wieder bemühen", sagt sie; Theater, Konzerte, Ausstellungen und das alte, nie alternde Hobby: das Lesen.

Gleich aber an welchem Ort, seit nunmehr fast vierzig Jahren verfolgt Hildegard Hamm-Brücher ein Ziel, das sie nie aus den Augen verloren hat und nie verliert: Aus der Bundesrepublik soll endlich ein demokratisches Land und aus den Bundesbürgern sollen Menschen werden, denen der „aufrechte Gang" zur Selbstverständlichkeit wird.

Ist dies Ziel erreicht?

Ist aus der Bundesrepublik ein demokratisches Land geworden?

Hildegard Hamm-Brücher zögert einen Augenblick mit der Antwort. „Ja und nein", sagt sie. „Ganz sicher hat sich in diesen vierzig Jahren Nachkriegszeit sehr vieles zum Positiven gewandelt. Gemessen an der Hoffnungslosigkeit des Beginns nach 1945 und der Realität unseres heutigen demokratischen Staates, kann man zu Recht behaupten, daß wir eine erfolgreiche Demokratie geworden sind. Auch wenn sich manches nicht erfüllt hat, was meine Generation und ich uns nach dem Zweiten Weltkrieg erhofft haben, so können wir alles in allem doch mit der Entwicklung zufrieden sein. Gelegentlich verlieren wir jedoch aus den Augen, daß wir als Deutsche noch immer unter besonderen Bedingungen stehen und auch noch lange stehen werden. Nach wie vor müssen wir den Beweis dafür antreten, daß wir uns von unserer Vergangenheit gelöst haben, daß wir gelernt haben und willens sind, demokratisch zu leben und zu handeln. Dies ist unsere tägliche Aufgabe. Das Unheil, das durch uns in die Welt kam, war zu groß, als daß es nach dieser relativ kurzen Zeit vergessen werden könnte."

Und der aufrechte Gang, der für ihr eigenes Leben typisch war, haben die Bundesbürger ihn erlernt?

„Ich kenne eine ganze Reihe Menschen", antwortet Hildegard Hamm-Brücher, „die ihn besitzen. Alle Theodor-Heuss-Preisträger wären hier zu nennen. Die Auszeichnung ist ja als Anerkennung für Menschen dieser Art gedacht. Selbstverständlich kann man eine solche Haltung nicht bei jedem und nicht von heute auf morgen erwarten. Sie hat sehr viel mit der Erziehung zu demokratischem Verhalten zu tun. Hier dürfen wir nicht nachlassen! Erfreulicherweise haben in den letzten Jahrzehnten immer mehr Bundesbürger begriffen und bewiesen, wie wichtig für sie die freiheitliche Demokratie ist. Ich denke hier vor allem an die Bürgerinitiativen, die bezeugen, daß die Bürger bereit sind, ihre demokratischen Rechte zu wahren und Mitverantwortung zu übernehmen. Das Engagement vieler Menschen bei Problemen, die von den etablierten Parteien nicht gelöst werden können, macht deutlich, daß sich unser Demokratieverständnis erfreulich entwickelt hat. Meine Hoffnungen aber richten sich vor allem auf die jungen Menschen. Sollte es uns gelingen, daß sie bei aller Kritik an uns und unserem Staat letztlich erkennen, daß nur eine Demokratie Freiheit und Recht gewährt, dann haben wir genug erreicht."

Hildegard Hamm-Brücher, von ihrer Partei oft als „Querdenkerin" bezeichnet, hat in ihrem Leben immer bewiesen, daß sie eine „Geradedenkerin" ist. Unbeirrt von den Forderungen und Versuchungen der jeweiligen Tagespolitik haben ihr ihre Prinzipien: Gerechtigkeit, Freiheit, Menschlichkeit die Kraft gegeben, zu urteilen und zu handeln. Sie hat durch Mut und Tatkraft, mit denen sie zu ihren Maßstäben stand, der Bundesrepublik das Vorbild einer aufrechten Demokratin gegeben.

Anmerkungen

Alle Zitate, die nicht besonders ausgewiesen sind, wurden wörtlich aus den Interviews übernommen.

[1] Theodor Heuss „Aufzeichnungen 1945–1947". Hrsg.: Eberhard Pikart, Rainer Wunderlich Verlag, Tübingen, 1966, S. 202/203.

[2] Hildegard Hamm-Brücher „Gerechtigkeit erhöht ein Volk". Piper, München – Zürich, 1984, S. 76.

[3] Kurt Martin Hahn (1886–1974) war Vertrauter des Prinzen Max von Baden, den er während dessen Kanzlerschaft (1918) auch politisch beriet. Von 1920–1933 Gründung und Leitung von Salem.

[4] „Bildung als Wagnis und Bewährung" – Eine Darstellung des Lebenswerkes von Kurt Hahn. Hrsg.: Hermann Röhrs, Quelle und Meyer, Heidelberg, 1966, Hermann Röhrs „Die pädagogische Provinz im Geiste Kurt Hahns", S. 88.

[5] Ebenda, Golo Mann „Kurt Hahn als Politiker", S. 29/30.

[6] Plato, griechischer Philosoph, 427 v. Chr., legt Grundlagen zu metaphysischem, ethischem Idealismus. – Public School, englische Privatschulen der Sekundarstufe mit angeschlossenem Internat, vorwiegend für Kinder wohlhabender Kreise . – Herrmann Lietz (1868–1919), Pädagoge, gründete 1898 erste Landerziehungsheime. – William James (1842–1910) amerikanischer Philosoph, betrachtete das Handeln als Voraussetzung oder Ziel des Erkennens.

[7] „Bildung als Wagnis und Bewährung" a.a.O., Hermann Röhrs „Die pädagogische Provinz im Geiste Kurt Hahns", S. 93.

[8] Inge Scholl „Die weiße Rose", Verlag der Frankfurter Hefte, Frankfurt, 1952, S. 108–110.

[9] Ebenda, S. 79.

[10] Hildegard Hamm-Brücher, Tagebuchaufzeichnungen, 1945 (Privatbesitz).

[11] Ebenda.

[12] Ebenda.

[13] Ebenda.

[14] Ebenda.

[15] Ebenda.

[16] Hildegard Hamm-Brücher „Gerechtigkeit erhöht ein Volk", a.a.O., S. 59.

[17] Hildegard Hamm-Brücher „Über das Wagnis von Demokratie und Erziehung", Diesterweg, Frankfurt, 1969, S. 10.

[18] Hildegard Hamm-Brücher „Gerechtigkeit erhöht ein Volk", a.a.O., S. 79.

[19] Hildegard Hamm-Brücher „Gegen Unfreiheit in der demokratischen Gesellschaft", Piper, München – Zürich, 1968, S. 37.

[20] Ebenda, S. 20.

[21] Hildegard Hamm-Brücher, Auszüge aus der Eröffnungsansprache auf dem 1. Kongreß für Vorschulerziehung, September 1970. in: „Freiheitlich denken – verantwortlich handeln", Aktuelle Beiträge zur politischen Bildung, Schriftenreihe der Friedrich Naumann Stiftung, Heft 13, Dezember 1970.

[22] Hildegard Hamm-Brücher „Gegen Unfreiheit in der demokratischen Gesellschaft", a. a. O., S. 158.

[23] Hildegard Hamm-Brücher „Liberale Bildungspolitik 1964", in: „Liberal", Sonderheft 4, S. 11.

[24] „OECD Länderexamen – der Bildungspolitik und der Bildungsplanung in der BRD", Paris, Nov. 1971, S. 5.

[25] Hildegard Hamm-Brücher „Gegen Unfreiheit in der demokratischen Gesellschaft", a. a. O., S. 125.

[26] Ebenda, S. 83.

[27] Ebenda, S. 101.

[28] H. Merkt „Dokumente zur Schulreform in Bayern", Richard Pflaum, München, 1952, S. 49.

[29] Hildegard Hamm-Brücher „Gegen Unfreiheit in der demokratischen Gesellschaft, a. a. O., S. 103.

[30] Ebenda, S. 292.

[31] Ebenda, S. 306.

[32] Ebenda, S. 287–288.

[33] Ebenda, S. 125.

[34] Ebenda, S. 125.

[35] „Verfassung des Freistaates Bayern", Beck'sche Verlagsbuchhandlung, München, 1985, S. 56.

[36] Hildegard Hamm-Brücher „Gegen Unfreiheit in der demokratischen Gesellschaft", a. a. O., S. 180.

[37] „Die Diskussion um das deutsche Lesebuch", Hrsg. H. Helmer, Wissenschaftliche Buchgemeinde, 1969. Hildegard Hamm-Brücher „Wie es im Schulbuch steht" S. 80.

[38] Hildegard Hamm-Brücher „Aufbruch ins Jahr 2000", rororo, Reinbek bei Hamburg, 1967, S. 11.

[39] Hildegard Hamm-Brücher „Auf Kosten unserer Kinder", „Die Zeit" – Bücher, Nannen, 1965, S. 74.

[40] Hildegard Hamm-Brücher „Hessische Erfahrungen", „Die Zeit", 7. November 1969.

[41] Hildegard Hamm-Brücher „Kämpfen für eine demokratische Kultur", Piper, München – Zürich, 1986, „Über den Mut zur kleinen Utopie" S. 131 (S. 132/133/134/135/136/137.

[42] Regierungserklärung von Bundeskanzler Willy Brandt am am 28. X. 1969 (Ausschnitt).

[43] „Bildungsbericht 70, Ministerium für Bildung und Forschung". Bonn 1970, Bundesdrucksache VI/925, S. 10.

[44] Hildegard Hamm-Brücher „Kämpfen für eine demokratische Kultur", Piper, München – Zürich, 1986, „Bildung ist kein Luxus", S. 243/244.

[45] Hildegard Hamm-Brücher „Gegen Unfreiheit in der demokratischen Gesellschaft", a. a. O., S. 268.

[46] Hildegard Hamm-Brücher „Kulturbeziehungen weltweit", Hanser, München – Wien, 1980, S. 45 (Angaben entnommen).

[47] Ebenda, S. 37.

[48] „Internationale Kulturbeziehungen, Brücke über Grenzen, Symposion 80", Dokumentation, bearbeitet von Dieter Danckwortt, Nomos Verlagsgesellschaft, Baden-Baden, 1980, S. 25 (Angaben).

[49] Ebenda, S. 8.

[50] Ebenda, S. 30.

[51] Hildegard Hamm-Brücher „Der Politiker und sein Gewissen", Piper München 1983, S. 78/79.

Ursula Salentin

Fünf Wege in die Villa Hammerschmidt

Elly Heuss-Knapp – Wilhelmine Lübke –
Hilda Heinemann – Mildred Scheel –
Veronica Carstens

Band 1134, 160 Seiten, 11. Auflage

In diesem Taschenbuch hat Ursula Salentin in klarer, behutsam abwägender und dennoch flüssiger Sprache die
fünf Kurzbiographien zusammengestellt. Fünfmal habe die
Bundesrepublik Glück gehabt. Fünfmal seien eigenständige Persönlichkeiten in ein Amt eingezogen, das weder in
der Verfassung noch in den Gesetzen vorgesehen sei: Die
Frau des Bundespräsidenten. Wir können der Verfasserin
nur zustimmen. Und es könnte den einen oder anderen
Historiker reizen, anhand dieser fünf Lebensläufe einen
Beitrag zu schreiben über die Entwicklung der Positionen
der deutschen Frauen, ihrer Stellung in Politik und Gesellschaft.

DIE WELT

Herderbücherei

Ursula Salentin

Elisabeth Schwarzhaupt – erste Ministerin der Bundesrepublik

Ein demokratischer Lebensweg
Band 1270, 128 Seiten

1961 entstand auf der Freitreppe der Villa Hammerschmidt erstmals ein Kabinettbild mit Dame. Konrad Adenauer hatte eine Frau in ein Ministeramt berufen: Elisabeth Schwarzhaupt, die die Verantwortung für das Gesundheitswesen übernahm. Eines der interessantesten Stücke der Nachkriegsgeschichte entrollt sich vor dem Leser, wenn die heute 85jährige im Gespräch mit Ursula Salentin über die Adenauer-Zeit aus nächster Sicht berichtet. Daß sie einmal zu solchem Amt und Würden aufsteigen werde, hatte sich die junge Gerichtsassessorin nicht gedacht, als die Nationalsozialisten ihr 1933 die Beamtenlaufbahn versperrten. In der Kanzlei der evangelischen Kirche in Berlin fand sie ein neues juristisches Betätigungsfeld. Nach dem Kriege hat sie die Frauenarbeit der Evangelischen Kirche Deutschlands maßgeblich mitbestimmt. 1953 zog sie in den Deutschen Bundestag ein. In ihren Erinnerungen spiegelt darüber hinaus sich das Schicksal unseres Jahrhunderts. Sie wurde am 7. Januar 1901 in Frankfurt a. M. geboren.

Herderbücherei